मुकेश अंबानी

की बायोग्राफी

मुकेश अंबानी
की बायोग्राफी

ए.के. गांधी

प्रभात
प्रकाशन

प्रकाशक

प्रभात प्रकाशन प्रा. लि.

4/19 आसफ अली रोड, नई दिल्ली–110002

फोन : 011–23289777 • हेल्पलाइन नं. : 7827007777

इ–मेल : prabhatbooks@gmail.com ❖ वेब ठिकाना : www.prabhatbooks.com

संस्करण

2025

पेपरबैक मूल्य

तीन सौ पचास रुपए

मुद्रक

आर–टेक ऑफसेट प्रिंटर्स, दिल्ली

★

MUKESH AMBANI Ki Biography
by Shri A.K. Gandhi

Published by **PRABHAT PRAKASHAN PVT. LTD.**
4/19 Asaf Ali Road, New Delhi-110002

ISBN 978-93-95386-43-2

₹ 350.00 (PB)

प्रस्तावना

भारत सपने देखने और उसे पूरा करने का देश है; आशाओं को नई उड़ान देने का देश है। मेहनत करनेवालों के लिए; अपनी योग्यता को खरे मूल्यों में उतारनेवालों के लिए और सही वक्त पर जोखिम उठानेवालों के लिए इस देश में प्रचुर साधन मौजूद हैं। यही वजह है कि हमारे देश में स्पोर्ट्‌स, विज्ञान, टेक्नोलॉजी, उद्योग/व्यापार, अध्यात्म, राजनीति जैसे अनेक क्षेत्रों में अपनी योग्यता और कर्मठता के बल पर अनेक व्यक्तियों ने जीवन की ऊँचाइयाँ प्राप्त की हैं। 'मीडियोक्रिटी' अर्थात् साधारणता और सामान्यता का युग बीत चुका और हम अब स्पर्धा और प्रतियोगिता के नए युग में पदार्पण कर चुके हैं, जहाँ 'मिडियाकर' अथवा साधारण के लिए स्थान नहीं है। हमारा देश अब विश्व स्पर्धा में बढ़-चढ़कर चुनौतियाँ दे रहा है। सफलता की इस दौड़ में मुकेश अंबानी का नाम जिस तेजी से बढ़ा है, उसे देखते हुए आपकी जिज्ञासा तभी शांत हो सकती है, जब आप उनकी सफलता की स्पर्धा को नजदीक से देखेंगे और आश्चर्य करेंगे कि कैसे और किस तेजी से यह नाम औद्योगिक जगत् में चकाचौंध पैदा करने लगा है!

यह कहना आसान है कि मुकेश अंबानी को अपने पिता से विरासत में रिलायंस की बनी-बनाई ठोस इमारत मिल गई, लेकिन यह भी सच्चाई है कि रिलायंस के पितामह के दो बेटे थे, जिन्हें बँटवारे में बराबर की संपदा मिली थी और दोनों की प्रगति को एक नजर में देखने से यह स्पष्ट हो जाता है कि विवेकशील मस्तिष्क और मन में ऊर्जा के बिना कोई भी व्यक्ति प्रगति और

विकास की ऊँचाइयों पर नहीं पहुँच सकता और मुकेश इन गुणों की ऊर्जा के धनी रहे हैं। मुकेश में सबसे महत्त्वपूर्ण गुण उनकी मूल्यों के प्रति श्रद्धा है, जो उन्हें अपने माता-पिता से मिले हैं और अन्य मूल्य उन्होंने अपने जीवन में स्वयं अर्जित किए हैं। ये सभी मूल्य बहुत ही साधारण हैं, जिन्हें जीवन में अपनाना भी उतना ही आसान है। मुकेश के बारे में यदि कोई जानना चाहे कि उनकी धन-संपदा कितनी है ? वे कितना कमाते हैं, उनकी दौलत उन्हें विश्व के दौलतियों की कतार में किस श्रेणी में बैठाती है, तो मैं समझता हूँ कि प्रश्न गलत होगा, क्योंकि भाग्य का सितारा क्षणिक और अनित्य होता है। यह तभी अक्षुण्ण बन पाता है, जब नैसर्गिक मूल्यों की धरोहर कठोर श्रम के साथ एक श्रमसाध्य उद्योगपति को एक पुख्ता आधार प्रदान करती है। और यही वह कारण है कि हमने इस पुस्तक में इसे गौण रखा है।

दुनिया में भरपूर प्रतिष्ठा के बावजूद मुकेश का व्यक्तित्व गुजरे जमाने से लेकर आज तक वैसा ही सहज और मृदुल है, जिसे आप स्वयं देख सकते हैं। उनकी साधारण किंतु शालीन ड्रेस चकाचौंध से दूर दिखाई देती है। जब वे बोलते हैं, तब लगता है, जैसे सार्वजनिक भाषणबाजी में वह मिसफिट हैं, लेकिन जब वे अपने औद्योगिक कार्यक्षेत्र में होते हैं, तब उनका कौशल बढ़-चढ़कर बोलता है। तब लगता है, जैसे औद्योगिक जगत् के सारे दाँव-पेच में वे पूर्णरूपेण सिद्धहस्त हैं। इस औद्योगिक दक्षता का स्रोत उनकी दौलत नहीं है, बल्कि कोई कदम उठाने से पूर्व उनका 'होमवर्क' होता है, जिसे वे कोई भी काम शुरू करने से पहले बड़े यत्न से करते हैं। वे भली प्रकार से जानते हैं कि कौन व्यक्ति उनके काम को अंजाम दे सकता है। उनमें योग्यता को परखने की नजर है और यही वे लोग हैं, जो उन्हें सफलता की बुलंदियों पर पहुँचा रहे हैं। चहुँओर सफलता के बावजूद वे एक सहज पारिवारिक सदस्य हैं, जिन्हें परिवार के हर सदस्य के दुःख-सुख का खयाल रहता है। वे उन सभी लोगों के बारे में ध्यान देते हैं, जिनका उनसे संबंध है और जो उनके संपर्क में रहते हैं, चाहे वे उनके कर्मचारी हों, शेयर होल्डर हों या फिर साधारण ग्राहक हों। उनके कामकाज से यह तथ्य स्पष्ट रूप से उजागर होता

है कि आपसी संबंधों पर विश्वास और भरोसा ही उन्हें ठोस आधार बनाने में सहायता देता है, जिसके धरातल से सफलता की ऊँचाइयों की सीढ़ियाँ आसानी से चढ़ी जा सकती हैं। इन सभी अक्षुण्ण मूल्यों और विशिष्टताओं ने मिलकर मुकेश अंबानी को एक अजेय उद्योगपति बनाया है। उनकी स्पर्धा दिलों को जीतने की होती है, क्योंकि उनकी पाठशाला का बुनियादी मंत्र यह है कि अगर तुम ग्राहक की परवाह करोगे तो वो तुम्हारी परवाह करेगा और यही मंत्र उनकी सफलता की कुंजी रही है।

वर्तमान पर एक नजर डालिए तो पाएँगे कि शायद ही कोई ऐसा दिन होता है, जिस दिन रिलायंस की खबर नहीं दिखाई देती है। यह खबर रिलायंस के विस्तार की योजनाओं के बारे में अथवा उसके विकेंद्रीकरण की योजनाओं या उसके दूसरे उद्योग को हथियाने; दूसरे उद्योग से साझा करके काम करने के बारे में अथवा ग्राहकों के लिए कोई योजना शुरू करने या कोई परोपकारी योजना को शुरू करने जैसी अनेक गतिविधियों से संबंधित होती है। उन्होंने रिलायंस को इतना लोकप्रिय ब्रांड बना दिया है, जिसे आप प्यार या नफरत अथवा निंदा या प्रशंसा अथवा उपेक्षा तो कर सकते हैं, लेकिन उसके बगैर रह नहीं सकते। और, उसको इन ऊँचाइयों पर पहुँचाने में मुकेश की मूल्यों के प्रति निष्ठा और उनके सफल नेतृत्व की भूमिका अहम रही है। मैं उनके जीवन में सफलता की दौड़ में और भी आगे बढ़ जाने की शुभकामना करता हूँ।

यदि आप मुझसे इस पुस्तक के बारे में पूछें कि इसकी खास बात क्या है, तब मेरा सीधा सा उत्तर यह होगा कि इसमें उन घटनाओं और प्रक्रियाओं की कहानी है, जिन्होंने मुकेश अंबानी और रिलायंस को नई-से-नई ऊँचाइयों तक पहुँचाया है और इस कहानी को दिलचस्प बनाने के लिए यह भी श्रमसाध्य होगा कि पृष्ठभूमि में उन कालखंडों का वर्णन किया जाए, जिनके बिना सफलता की रवानगी इतनी गतिमय नहीं हो पाती, मसलन उद्योग को पटरी पर लाने के लिए कच्चे माल की नियमित सप्लाई की गारंटी अथवा उचित समय पर विकेंद्रीकरण या विस्तार की योजनाएँ, जिन्होंने कहानी के

धरातल को मजबूत किया है। जैसे-जैसे रिलायंस की सामरिक योजनाओं का विश्लेषण, व्याख्या और उसका साकार चित्रांकन किया जाएगा, वैसे-वैसे रिलायंस के बारे में पाठक की जिज्ञासा शांत होती जाएगी। उसे पता चलता जाएगा कि रिलायंस परिवार में क्या होता है? और वह अमूल्य मंत्र क्या है, जो मुकेश अंबानी को इस विशाल उद्योग को निरंतर सफलता की सीढ़ियों पर चढ़ते जाने की गति प्रदान करता है। यही विश्लेषण इस पुस्तक को अमूल्य बनाता है, क्योंकि यह कहानी उस व्यक्ति के मस्तिष्क में झाँकने का अवसर प्रदान करती है, जिसे आज हम आदर और प्रशंसा की दृष्टि से देखते हैं।

—ए.के. गांधी

अनुक्रम

	प्रस्तावना	*5*
1.	जैसा पिता···	11
2.	वैसा बेटा···	51
3.	प्रथम औद्योगिक महिला नीता अंबानी	89
4.	रिलायंस फाउंडेशन	105
5.	रिलायंस उद्योग की विकास यात्रा	110
6.	विभाजन	159
	मुकेश अंबानी के 100 कथन	167

जैसा पिता...

यदि सफलता के लिए मस्तिष्क के अवयवों में विचित्र मिश्रण की जरूरत होती है तो मैं समझता हूँ कि मुकेश अंबानी का जीवन चरित्र एक आदर्श उदाहरण हो सकता है। यह जानने के लिए कि वे कैसे काम करते हैं और कौन से अवयव को वे कब और कितनी जगह देते हैं, तो इस सफल उद्योगपति के जीवन से बढ़िया और कोई उदाहरण नहीं हो सकता, जो सफलता की इतनी ऊँचाइयों पर बिना मुड़े पहुँच चुके हैं। आश्चर्य इस बात पर होता है कि कैसे एक व्यक्ति बिना डिगे, बिना रुके सफलता के चरण पार करता जाता है, और मजे की बात यह कि यह सफलता एकल नहीं है। वह जिस उद्योग में कदम रखता है, सफलता उसकी राह उजागर करती जाती है। यह सब जानने के लिए हमें उसके जीवन से पहले उसके पिता धीरूभाई अंबानी के जीवन पर नजर डालनी होगी, जिसके आधार पर उसने अपना साम्राज्य खड़ा किया है।

धीरूभाई का जीवन चरित्र एक साधारण आदमी का जमीन से उठकर सफलता की ऊँचाइयों तक पहुँच जाने की रोमांचक कथा है, जिसने न जाने कितने छोटे-मोटे उद्योगपतियों को सफलता का रास्ता दिखाया है। वे न केवल सफल उद्योगपति साबित हुए, बल्कि मुकेश जैसे बेटे को पाकर भाग्यशाली भी बने, जिसने उनके उद्योग को एक साम्राज्य में तब्दील कर दिया और पूरी शान और सम्मान के साथ उसे इतनी ऊँचाइयों पर पहुँचा दिया, जिसके लिए सफलता का कोई नया मंत्र नहीं मिलता।

धीरज लाल हीराचंद अंबानी, जो 'धीरूभाई अंबानी' के नाम से जाने जाते हैं, उनका जन्म एक ग्रामीण शिक्षक के परिवार में 28 दिसंबर, 1932 को हुआ। उनकी माता का नाम जमनाबेन अंबानी था। हीराचंद गोरधन भाई जूनागढ़ में चोरवाड़ नामक ग्राम में रहते थे। उस समय भारत में सामाजिक उथल-पुथल मची हुई थी। आजादी का राष्ट्रीय आंदोलन पूरे जोरों पर था। धीरूभाई उस समय छोटे बालक थे। 1939 में ब्रिटिश हुकूमत के खिलाफ स्वतंत्रता संग्राम में पूरे जोश से नारेबाजी होती थी। बालक के रूप में वे समझ तो नहीं पाते थे, पर बाद में नारेबाजी सुनकर खूब मजा लेते थे। बाद में दूसरों की देख-देखी में वे भी अपने बाल मित्रों के साथ बड़े लोगों के साथ-साथ नारेबाजी करने लगे। कभी-कभी वे सोचते, पर समझ नहीं पाते थे कि अंग्रेजों के खिलाफ नारेबाजी क्यों होती है, जो देखने में सुंदर और बातचीत में हिंदुस्तानियों से ज्यादा सलीके के होते हैं? यही समय भी था, जब धीरे-धीरे समय के साथ उन्होंने यह जानना शुरू किया कि किस प्रकार ये गोरे हिंदुस्तानियों पर अत्याचार कर रहे हैं, उन पर दमन चक्र चला रहे हैं और स्वयं अपनी स्वतंत्रता, जनतंत्र और अपने मानवीय अधिकारों को बचाने के लिए दूसरे विश्वयुद्ध में हिस्सा ले रहे हैं।

> *धीरज लाल हीराचंद अंबानी, जो 'धीरूभाई अंबानी' के नाम से जाने जाते हैं, उनका जन्म एक ग्रामीण शिक्षक के परिवार में 28 दिसंबर, 1932 को हुआ। उनकी माता का नाम जमनाबेन अंबानी था। हीराचंद गोरधन भाई जूनागढ़ में चोरवाड़ नामक ग्राम में रहते थे। उस समय भारत में सामाजिक उथल-पुथल मची हुई थी।*

इन अनिर्णय की परिस्थितियों में उनकी राष्ट्रीय आंदोलन की गतिविधियाँ बढ़ने लगीं, जिसके लिए उनके पिता ने फटकार लगाई। समय के साथ-साथ जूनागढ़ रियासत में भी, जहाँ धीरूभाई का परिवार रहता था, राष्ट्रीय स्वतत्रंता आंदोलन विस्फोटक रूप लेने लगा। जैसे-जैसे धीरूभाई में समझदारी बढ़ने

लगी और उन्होंने देखा कि कैसे 1942 का 'भारत छोड़ो' आंदोलन बढ़ा और किस प्रकार धीरे-धीरे सुषुप्त हो गया और फिर कैसे सुभाष चंद्र बोस का क्रांतिकारी नाम जन-जन में बस गया और किस प्रकार वे पूर्वोत्तर भारत में अपनी सैन्य काररवाइयों से देश के 'हीरो' बन गए। किंतु धीरूभाई यह नहीं समझ पाए कि सुभाष चंद्र बोस भारत की पूर्वोत्तर सीमा पर हमले क्यों कर रहे थे? और फिर भी वे भारत में जन-जन के प्यारे नेता बने हुए थे! 1946 में जब नौसेना ने 'विद्रोह' कर दिया, तब तक वे जान चुके थे इस विद्रोह का अर्थ क्या है? और फिर वे भी सड़कों पर राष्ट्रीय संग्राम के जुलूसों में बढ़-चढ़कर भाग लेने लगे और अनेक बार अंग्रेज सिपाहियों के डंडे खाए और दमन चक्र का हिस्सा बनते रहे।

यह वह समय था, जब ब्रिटिश साम्राज्य यह समझने लगा था कि जिस प्रकार भारत में उनके विरोध में प्रदर्शन बढ़ते जा रहे हैं, उन्हें देखते हुए भारत पर राज करना मुश्किल होगा। अंग्रेजों का भारत आने का बुनियादी कारण इस देश से रुपया कमाना था। लेकिन उनके दमन चक्र से देश में क्रांति ने जन्म ले लिया, जिस प्रकार विद्रोह बढ़ता जा रहा था, आए दिन जुलूस, आम जनता का शासन के प्रति क्रोध, प्रदर्शन, तोड़-फोड़ और जब-तब विद्रोह की चिनगारी दिखाई देने लगी थी। ब्रिटिश शासन समझ चुका था कि भारत में जो शक्ति उसे दिखाई दे रही थी, उससे वह पार नहीं पा सकेगा। इसलिए, उन्होंने देश को बाँटने के बीज बोने शुरू किए, जो अंततः देश को विभाजित करने में सहायक हुए। दुर्भाग्यवश, अनेक सत्तालोलुप नेताओं ने देश के विभाजन की शर्त पर स्वतंत्रता को स्वीकार कर लिया। दूसरा खतरनाक खेल अंग्रेजों ने यह खेला कि भारत के तमाम राजे-रजवाड़ों और रियासतों को स्वतंत्र भारत

यह वह समय था, जब ब्रिटिश साम्राज्य यह समझने लगा था कि जिस प्रकार भारत में उनके विरोध में प्रदर्शन बढ़ते जा रहे हैं, उन्हें देखते हुए भारत पर राज करना मुश्किल होगा। अंग्रेजों का भारत आने का बुनियादी कारण इस देश से रुपया कमाना था।

से आजाद कर दिया और उनसे कहा गया कि वे खुद फैसला करें कि वे हिंदुस्तान या पाकिस्तान में अपनी इच्छा के अनुकूल शामिल हो सकते हैं या आजाद बने रह सकते हैं। भाग्यवश, भारत में सरदार वल्लभभाई पटेल जैसे योग्य और कर्मठ नेता थे, जिन्होंने समयानुकूल कदम उठाकर सभी रियासतों का भारत में विलय कर दिया। उस समय तीन रियासतों ने विशेष समस्याएँ पैदा की थीं, जिनमें जम्मू व कश्मीर, हैदराबाद के साथ जूनागढ़ भी थी, जहाँ धीरूभाई रहते थे।

जूनागढ़ रियासत का शासक मुसलिम था, जिसका नाम नवाब महाबत खान, तृतीय था। रियासत की आबादी मुख्यतः हिंदू थी, जबकि शासक वर्ग मुसलिम था और वह चाहता था कि जूनागढ़ पाकिस्तान में शामिल हो जाए, जबकि हिंदू जनता इसका विरोध कर रही थी, क्योंकि पाकिस्तान का निर्माण धर्म के आधार पर हुआ था, इसलिए हिंदू वहाँ नहीं जाना चाहते थे। विभाजन के बाद से ही पाकिस्तान में हिंदू और सिख आबादी पर अत्याचार होने लगे थे, जिसे देखकर जूनागढ़ की हिंदू जनता ने शासन के विरुद्ध विद्रोह कर दिया और धीरूभाई ने इस विद्रोह में भाग लेना शुरू कर दिया। उस समय उनकी किशोरावस्था थी। आयु मात्र पंद्रह वर्ष थी। लेकिन किसी भी जनक्रांति में युवकों की भूमिका महत्त्वपूर्ण होती है, जैसा कि भगतसिंह, चंद्रशेखर आजाद, राजगुरु, सुखदेव, रामप्रसाद बिस्मिल, मदन लाल धींगड़ा और अन्य अनेक युवा नेता की शहादत से पता चलता है। धीरूभाई के लिए यह मार्ग अधिक समय तक नहीं चल पाया, क्योंकि

जूनागढ़ रियासत का शासक मुसलिम था, जिसका नाम नवाब महाबत खान, तृतीय था। रियासत की आबादी मुख्यतः हिंदू थी, जबकि शासक वर्ग मुसलिम था और वह चाहता था कि जूनागढ़ पाकिस्तान में शामिल हो जाए, जबकि हिंदू जनता इसका विरोध कर रही थी, क्योंकि पाकिस्तान का निर्माण धर्म के आधार पर हुआ था, इसलिए हिंदू वहाँ नहीं जाना चाहते थे।

ठीक नहीं लगा, लेकिन धीरूभाई को इसमें अवसर दिखाई दिए थे। इसलिए 1965 में दोनों अलग हो गए और उसके कुछ ही वर्ष बाद धीरूभाई ने अपनी इच्छानुसार 8 मई, 1973 को 'रिलायंस कमर्शियल कॉरपोरेशन' को नया नाम 'रिलायंस इंडस्ट्रीज' दिया और 'विमल' नाम से पहला ब्रांड लॉन्च किया, जिसने बाद में चलकर 'ओनली विमल' के नाम से वस्त्र उद्योग में अपनी धाक जमाई। 'ओनली विमल' साड़ियों, शॉल, सूट तथा अन्य ड्रेसों के लिए मशहूर हो गया। दिलचस्प बात यह है कि विमल उनके बड़े भाई मनिकलाल अंबानी का बेटा था। इसके साथ ही एक विशाल उद्योगपति के निर्माण की प्रक्रिया शुरू हो गई।

धीरूभाई ने अपना व्यवसाय शुरू करने के कुछ ही वर्षों में यह समझ लिया था कि उद्योग-व्यापार और नौकरशाही तथा राजनीति में अंतरंग रिश्ता होता है। वे लाइसेंस राज के दिन थे। यह उम्मीद की जाती थी कि एक व्यापारी अपना कामकाज सुचारु रूप से चलाने के लिए नौकरशाही और राज चलानेवाली पार्टी से मधुर वातावरण बनाए रखने के लिए रिश्तों की डोर को खुला रखे और धीरूभाई इस काम में मुस्तैदी से लगे रहते थे। उनकी पकड़ नौकरशाही के उच्चतम पद से लेकर चपरासी तक बनी हुई थी। यह सर्वविदित है कि राजनेता भी बड़े उद्योगपतियों की परवाह करते रहते हैं, क्योंकि वे जानते थे कि चुनाव के समय इन उद्योगपतियों से प्राप्त चंदा बहुत काम आता था। उद्योगपति को जरूरी होता था कि अपने प्रतियोगियों को

धीरूभाई ने अपना व्यवसाय शुरू करने के कुछ ही वर्षों में यह समझ लिया था कि उद्योग-व्यापार और नौकरशाही तथा राजनीति में अंतरंग रिश्ता होता है। वे लाइसेंस राज के दिन थे। यह उम्मीद की जाती थी कि एक व्यापारी अपना कामकाज सुचारु रूप से चलाने के लिए नौकरशाही और राज चलानेवाली पार्टी से मधुर वातावरण बनाए रखने के लिए रिश्तों की डोर को खुला रखे और धीरूभाई इस काम में मुस्तैदी से लगे रहते थे।

जूनागढ़ में सरदार पटेल ने पहल कर दी थी। उन्होंने बड़ी दक्षता से स्थिति को सँभाल लिया और एक छोटी सी पुलिस कारंरवाई तथा मतगणना के आधार पर जूनागढ़ का भारत में विलय कर दिया। नवाब के पास पाकिस्तान भाग जाने के सिवाय और कोई चारा नहीं रह गया था। इसलिए, वह अपने दल-बल के साथ पाकिस्तान भाग गया, जहाँ वह अंततः बस गया। यही समय था जब धीरूभाई के सामने अपना जीवन शुरू करने का अवसर प्राप्त हुआ और उन्होंने अपने भाई रमनिक भाई के साथ यमन देश के अदन बंदरगाह के लिए कूच किया, जहाँ उन्हें 'ए. बेस एंड कंपनी' में काम करने का अवसर मिला। धीरूभाई की उम्र उस समय सोलह वर्ष थी और उन्होंने इस दुनिया में अपने लिए स्थान बनाने के लिए पहला कदम रखा था। चूँकि उनका जन्म एक वैश्य (व्यापारी) समुदाय में हुआ था, जो अपनी व्यावहारिक सूझ-बूझ के लिए जाना जाता था और धीरूभाई भी यह सिद्ध करना चाहते थे कि यह लोकोक्ति उतनी ही सही है, जितनी कही जाती है। उन्होंने जल्द ही व्यापार में पहला कदम उठा लिया और कंपनी के 'शेल और बर्मा ऑयल' के उत्पाद का विक्रय शुरू कर दिया। इसके साथ वे अपने निजी व्यापार को बढ़ाने का अवसर भी टटोलने लगे। इसी दौरान उनकी नजर सिल्वर बुलियन पर पड़ी। उन्होंने उसे गलाकर शुद्ध चाँदी बनाकर बेचना शुरू कर दिया, क्योंकि शुद्ध चाँदी का मूल्य सिल्वर बुलियन से कहीं ज्यादा था। यह तो अभी शुरुआत थी। उनकी व्यापारिक बुद्धि की एक छोटी सी मिसाल थी।

धीरूभाई की उम्र उस समय सोलह वर्ष थी और उन्होंने इस दुनिया में अपने लिए स्थान बनाने के लिए पहला कदम रखा था। चूँकि उनका जन्म एक वैश्य (व्यापारी) समुदाय में हुआ था, जो अपनी व्यावहारिक सूझ-बूझ के लिए जाना जाता था और धीरूभाई भी यह सिद्ध करना चाहते थे कि यह लोकोक्ति उतनी ही सही है, जितनी कही जाती है।

धीरूभाई स्वभाव से बहुत सहज और मृदुल व्यक्ति थे। उनकी इच्छा

जीवन में बहुत कुछ करने की थी। समय के साथ यह इच्छा, अभिलाषा और अंततः लक्ष्य में परिवर्तित होती गईं। प्रगति के साथ जोखिम उठाने की क्षमता में भी इजाफा होता गया। महान् नेताओं, सफल उद्योगपतियों की जीवनियाँ हमें सिखाती हैं कि व्यक्ति जोखिम उठाए बिना उन्नति की ऊँचाइयों पर नहीं पहुँच पाता। सफल वे ही होते हैं, जो 'रिस्क' उठाते हैं और धीरूभाई इस दौड़ में आगे बढ़नेवाले श्रेष्ठ धावक रहे हैं।

सन् 1957 में धीरूभाई की पत्नी ने अदन में एक बालक को जन्म दिया। बालक का नाम मुकेश रखा गया, जिसके भाग्य में विश्व जगत् में चमकते सितारे का स्थान लेना था, लेकिन उस बालक के लिए एक ठोस आधार बनाने की शुरुआत धीरूभाई ने शुरू कर दी थी, जिस पर अंततः मुकेश को अपना साम्राज्य स्थापित करना था। दूसरा पुत्र अनिल का जन्म 1959 में हुआ। इसके ठीक विपरीत, अनिल अपने भाई जितना भाग्यशाली नहीं निकला।

सन् 1957 में धीरूभाई की पत्नी ने अदन में एक बालक को जन्म दिया। बालक का नाम मुकेश रखा गया, जिसके भाग्य में विश्व जगत् में चमकते सितारे का स्थान लेना था, लेकिन उस बालक के लिए एक ठोस आधार बनाने की शुरुआत धीरूभाई ने शुरू कर दी थी, जिस पर अंततः मुकेश को अपना साम्राज्य स्थापित करना था।

सन् 1959 में धीरूभाई ने भारत लौट आने का फैसला किया, क्योंकि अदन में यहूदियों और मुसलमानों के बीच दंगे शुरू हो गए थे, जिसमें मुसलिम समुदाय सफल होता दिखाई दे रहा था और ऐसी परिस्थितियाँ बनने लगी थीं, जिसमें अन्य धर्मावलंबियों के लिए वहाँ रहना मुश्किल हो गया था। यह धीरूभाई के लिए अपना व्यवसाय शुरू करने का स्वर्णिम अवसर था। उन्होंने अपने चचेरे भाई चंपकलाल दमानी के 'पार्टनरशिप' में अदन में 'मजिन' नामक एक औद्योगिक संस्था की स्थापना की, जिसका काम यमन से 'पोलियस्टर' का आयात करना और यमन को मसाले निर्यात करना था।

भारत वापस आने के बाद धीरूभाई ने 'रिलायंस कमर्शियल कॉरपोरेशन' के नाम से व्यापार शुरू कर दिया। इसका पहला कार्यालय मसजिद बंदर में नरसीनाथ स्ट्रीट पर खोला गया। यह 33 वर्गमीटर का छोटा सा कमरा था, जिसमें एक मेज के साथ दो कुरसियाँ और एक टेलीफोन था। उन्होंने कामकाज में सहायता के लिए दो कर्मचारियों को बहाल किया। यह वह समय था, जब उन्होंने अपने सपने को साकार करने के प्रयास शुरू किए। वे भली प्रकार जानते थे कि कोई भी व्यक्ति कर्मठ और निष्ठावान व्यक्तियों की एक टीम के बगैर सफलता की सीढ़ी पर नहीं चढ़ सकता। इसलिए उन्होंने ऐसे व्यक्तियों को चुनने और उन्हें प्रशिक्षित करने के काम में वरीयता प्रदान की। उन्होंने ऐसे मुस्तैद और कर्तव्य के प्रति निष्ठा रखनेवालों की टीम को गढ़ना शुरू किया, जो वर्षों तक उनके साथ बने रहे और रिलायंस को नित नई ऊँचाइयों पर पहुँचाने में उनके सहायक बने रहे। इनमें प्रमुख रूप से रसिक भाई मेसवानी (उनके भतीजे), रमनिक भाई नाथूभाई (उनके छोटे भाई) और उनके स्कूल के दो दोस्त थे, जिनका नाम रतिभाई मुछाला और नरोत्तम भाई जोशी था। जैसा साधारण उनका कार्यालय था, वैसा ही साधारण उनका निवास था। यह बंबई के भूलेश्वर में स्थित जयहिंद एस्टेट में दो बेडरूम का अपार्टमेंट था।

भारत वापस आने के बाद धीरूभाई ने 'रिलायंस कमर्शियल कॉरपोरेशन' के नाम से व्यापार शुरू कर दिया। इसका पहला कार्यालय मसजिद बंदर में नरसीनाथ स्ट्रीट पर खोला गया। यह 33 वर्गमीटर का छोटा सा कमरा था, जिसमें एक मेज के साथ दो कुरसियाँ और एक टेलीफोन था।

धीरूभाई की कार्यशैली और मिजाज अनूठा था और हर कोई उनके बड़े पैमाने पर जोखिम लेने के खतरे को सहन करने के लिए तैयार नहीं हो पाता था। उनकी इसी प्रवणता ने उनके पार्टनर चंपकलाल दमानी के बीच दरार पैदा कर दी। चंपक भाई को कपड़े के व्यापार में अधिक जोखिम उठाना

कैसे दरकिनार करके रखा जाए। इसके लिए वे मशहूर भी थे। उन्होंने अपने प्रतियोगियों को पटकनी देने की विद्या हासिल कर ली थी और इस विद्या में जो उद्योग हताहत हुए, उनमें 'स्वान मिल्स' और 'ओर्के' के कपिल मेहरा के अतिरिक्त 'बॉम्बे डाइंग' के नुस्ली वाडिया और 'इंडियन एक्सप्रेस' के रामनाथ गोयनका थे। इन सभी प्रतियोगियों को धीरूभाई ने आसमान से जमीन पर उतार दिया और उसी रूप में परिवर्तित कर दिया, जो वे अपना उद्योग चलाने से पहले थे।

धीरूभाई ने 'ओनली विमल' को जन-जन में प्रचलित कर दिया। इसके लिए उन्हें एकजुट होकर कड़ी मेहनत करनी पड़ी। उन्होंने विशेष रूप से उसे भारत के ग्रामीण और अर्ध ग्रामीण इलाकों में पहुँचाया। जब 'ओनली विमल' ने अपनी पहचान बना ली तो धीरूभाई ने उसके 'रिटेल आउटलेट' खोल दिए, जहाँ केवल 'ओनली विमल' के कपड़ों की बिक्री होने लगी। जैसे ही मार्केट में इस ब्रांड ने जड़ें जमाईं, 'वर्ल्ड बैंक' की एक टीम ने उनकी ब्रांड उत्पादन की प्रणाली देखने के लिए दौरा किया और उनकी कार्यप्रणाली की प्रशंसा की। यह 1975 की घटना है।

धीरूभाई ने 'ओनली विमल' को जन-जन में प्रचलित कर दिया। इसके लिए उन्हें एकजुट होकर कड़ी मेहनत करनी पड़ी। उन्होंने विशेष रूप से उसे भारत के ग्रामीण और अर्ध ग्रामीण इलाकों में पहुँचाया। जब 'ओनली विमल' ने अपनी पहचान बना ली तो धीरूभाई ने उसके 'रिटेल आउटलेट' खोल दिए, जहाँ केवल 'ओनली विमल' के कपड़ों की बिक्री होने लगी।

धीरूभाई की अभूतपूर्व सफलता और उद्योग जगत् में धूमकेतु की तरह उनकी प्रगति ने पुराने स्थायी औद्योगिक घरानों के समक्ष एक चुनौती प्रस्तुत कर दी और यही वजह थी कि वे उनकी आँख का काँटा बन गए। धीरूभाई का नाता किसी बड़े उद्योग घराने से नहीं था। वे अपने कार्य कौशल पर निर्भर रहा करते थे, क्योंकि उनके पास कोई पारिवारिक सहयोग नहीं था।

उन्हें पता था कि उन्हें संघर्ष करना है और अपने बल पर सफलता के द्वार खोलने हैं। इसीलिए उनका संपूर्ण जीवन एक लंबे संघर्ष की कहानी है। एक व्यापारी के रूप में उनके पास नामी-गिरामी पुरखों की फेहरिस्त नहीं थी। ऐसे रिश्तेदार नहीं थे, जिनके नाम देश में, राज्य अथवा जिले में भी जाने योग्य हों और यही सबसे बड़ा कारण था कि अपने वर्ग विशेष का ध्यान रखनेवाले उद्योगपतियों को उनका सहचर पसंद नहीं था। वे उन्हें अपने बराबर स्वीकार करने को तैयार नहीं थे और यह 1998 में तब स्पष्ट रूप से उजागर हो गया, जब उन्हें दुनिया के सबसे पुराने बिजनेस मैंनेजमेंट स्कूल, पेनसिलवेनिया यूनिवर्सिटी के 'वारटन स्कूल' ने 'डींस मेडल' देकर उन्हें सम्मानित किया। वे पहले भारतीये थे जिन्हें इस मेडल से नवाजा गया। यद्यपि इस समारोह में कुछ उद्योगपति मौजूद थे, किंतु उद्योगपतियों के बड़े तबके ने भाग नहीं लिया। पीरामल ग्रुप के अजय पीरामल ने स्वीकार भी किया कि आश्चर्यजनक रूप से उद्योगपतियों की एक बड़ी संख्या समारोह में नदारद थी। हो सकता है, ये लोग अंबानी की इस महान् सफलता से खुश नहीं थे। लेकिन इस खालीपन को साम्यवादियों को छोड़कर विभिन्न विचारधाराओं के राजनीतिज्ञों ने पूरा कर दिया।

पीरामल ग्रुप के अजय पीरामल ने स्वीकार भी किया कि आश्चर्यजनक रूप से उद्योगपतियों की एक बड़ी संख्या समारोह में नदारद थी। हो सकता है, ये लोग अंबानी की इस महान् सफलता से खुश नहीं थे।

धीरूभाई ने अपने जैसे उद्योगपतियों का एक अलग वर्ग तैयार किया। वे उन उद्यागपतियों में नहीं थे, जो 'स्वदेशी' विचारधारा पर अमल करते थे, बल्कि वे उदारवाद और भूमंडलीकरण में विश्वास करते थे और कहते भी थे कि वे इसके लिए पहल करने के लिए तैयार हैं और रिलायंस उस चुनौती को स्वीकार करता है।

व्यापारिक विवाद

आधुनिक युग में व्यापार का क्षेत्र मात्र माल की खरीद और बिक्री तक सीमित नहीं रह गया था। इसमें अब विवेकपूर्ण परिचालन और नए अवसरों की तलाश के साथ-साथ उन पर अमल करने का क्षेत्र भी शामिल हो गया था और धीरूभाई ने अपने उद्योग में यही कदम उठाए। सन् 1988 में रिलायंस इंडस्ट्रीज पहली बार 'पार्टली कनवर्टेबल डिबेंचर' (आंशिक परिवर्तनीय ऋण-पत्र) लेकर मार्केट में उतरी। इससे उसकी लोकप्रियता में इजाफा हुआ। इस दौरान मैनेजमेंट ने पूरे प्रयास किए कि किसी भी सूरत में स्टॉक मूल्यों में गिरावट नहीं आनी चाहिए। उनके इन प्रयासों को कलकत्ता के कुछ 'बियर कारटेल' के स्टॉक ब्रोकर ताड़ गए और इसमें उन्हें अपने अवसर दिखाई देने लगे। उन्होंने रिलायंस के शेयरों को सस्ते दामों पर बेचना शुरू कर दिया। लेकिन जैसा कि भविष्य में देखा गया, उनकी यह पहल एक बड़ी भूल साबित हुई।

> ***आधुनिक युग में व्यापार का क्षेत्र मात्र माल की खरीद और बिक्री तक सीमित नहीं रह गया था। इसमें अब विवेकपूर्ण परिचालन और नए अवसरों की तलाश के साथ-साथ उन पर अमल करने का क्षेत्र भी शामिल हो गया था और धीरूभाई ने अपने उद्योग में यही कदम उठाए।***

उनके मुकाबले के लिए बड़े पैमाने पर स्टॉक ब्रोकरों ने, जो अभी तक 'रिलायंस के हिमायती' माने जाते थे, 'बॉम्बे एक्सचेंज' में सस्ते दामों पर बिकने वाले शेयरों को खरीदना शुरू कर दिया। 'बियर कारटेल' की बुनियादी धारणा यह थी कि 'बुल स्टॉकरों (तेजड़िए) की शेयर खरीदते-खरीदते नकदी कम पड़ जाएगी और अंततः वे बॉम्बे स्टॉक एक्सचेंज में उपलब्ध 'बदला' व्यापार प्रणाली अपनाकर समझौते पर उतर आएँगे। लेकिन 'बियर कारटेल' को आश्चर्य तब हुआ, जब समझौते के अंत तक 'बुल' ब्रोकर 152 रुपए प्रति शेयर खरीदते रहे। रिलायंस के हिमायती स्टॉक ब्रोकर भली प्रकार जानते थे कि 'बियर कारटेल' के पास दरअसल में शेयर नहीं हैं, इसलिए

उन्हें नीचा दिखाने के लिए उनके छल को दुनिया के सामने लाना जरूरी है। उन्होंने माँग की कि 'बियर करटेल' शेयरों की भौतिक डिलीवरी करे। ऐसा कहा जाता है कि धीरूभाई ने स्टॉक ब्रोकरों को बड़े पैमाने पर पैसा दिया था, ताकि वे शेयर बराबर खरीदते रहें। समझौता न होने की स्थिति में बुल स्टॉकरों ने 'अनबदला' अथवा 35 रुपए प्रति शेयर की माँग की। इस माँग को लेकर रिलायंस के शेयरों में कुछ ही मिनटों में एकदम उछाल आ गया और उनका मूल्य 180 रुपए प्रति शेयर हो गया। समझौते को लेकर बाजार में तूफान आ गया और स्थिति ने इतना तूल पकड़ लिया कि बॉम्बे स्टॉक एक्सचेंज को तीन दिनों तक अपना व्यवसाय बंद कर देना पड़ा।

सारा मामला धीरूभाई के समर्थन में पूरा हुआ, लेकिन इस बारे में उद्योग जगत् में प्रश्न उठना स्वाभाविक था। सबसे बड़ा सवाल यह था कि धीरूभाई, जो अभी तक कपड़े का एक छोटा व्यापारी था और बड़े उद्योग में अभी कदम ही रख रहा था, उसके पास इतना पैसा कहाँ से आ गया, जिसने बुल स्टॉकरों के कारटेल को उनके समर्थन के अंत तक सँभाले रखा?

हंगामे को सुलझाने के लिए बॉम्बे स्टॉक एक्सचेंज को दखल देना पड़ा और उसने 'अनबदला' की दर 2 रुपए प्रति शेयर इस शर्त पर तय कर दी कि 'बियर कारटेल' अगले कुछ ही दिनों में शेयरों की भौतिक डिलीवरी करेंगे। बेचारे बियर कारटेल को अब मार्केट में ऊँची दर पर शेयर खरीदने पड़े और बाद में यह भी पता लगा कि 'बियर कारटेल' को ऊँचे दामों पर खरीदने के लिए शेयरों की सप्लाई स्वयं धीरूभाई ने की थी और इस अवसर से पर्याप्त धन अर्जित किया था।

सारा मामला धीरूभाई के समर्थन में पूरा हुआ, लेकिन इस बारे में उद्योग जगत् में प्रश्न उठना स्वाभाविक था। सबसे बड़ा सवाल यह था कि धीरूभाई, जो अभी तक कपड़े का एक छोटा व्यापारी था और बड़े उद्योग में अभी कदम ही रख रहा था, उसके पास इतना पैसा कहाँ से आ गया, जिसने

बुल स्टॉकरों के कारटेल को उनके समर्थन के अंत तक सँभाले रखा ? मामला भारतीय संसद् तक पहुँच गया। उस समय प्रणब मुखर्जी केंद्रीय वित्त मंत्री थे। उन्होंने प्रश्न के उत्तर में बताया कि वर्ष 1982-83 में अप्रवासी भारतीयों ने रिलायंस उद्योग में दो करोड़ बीस लाख रुपए का निवेश किया और यह धनराशि भी अनेक कंपनियों से प्राप्त हुई थी, जिनके नाम 'क्रोकोडाइल', 'लोटा' और 'फियेस्को' हैं। इसके बाद कुछ निजी व्यक्तियों ने, जिनमें कुछ पत्रकार भी शामिल थे, जाँच-पड़ताल में पता लगाया कि ये कंपनियाँ इंग्लैंड और आयरलैंड के बीच आयरिश समुद्र में स्थित 'आइल ऑफ मेन' नामक ब्रिटिश क्राउन आश्रित स्वतंत्र तथा स्वचालित और कर-मुक्त बंदरगाह में अनेक नामों से रजिस्टर्ड हैं, जिनके नामों के अंत में 'शाह' जुड़ा हुआ है। इसको लेकर अनेक प्रश्न उठाए गए। बहरहाल रिजर्व बैंक ऑफ इंडिया ने अपनी तफतीश में रिलायंस के कामकाज में कोई गलती नहीं पाई और इसके साथ ही मामला समाप्त हो गया। सभी को अब भलीभाँति स्पष्ट हो गया था कि धीरूभाई जैसे व्यक्ति से उलझना कोई खेल नहीं है।

इस पूरे दृष्टांत से यह स्पष्ट होता है कि यह केवल रिस्क या जोखिम नहीं था, बल्कि सोची-समझी योजना थी और धीरूभाई बहुत अच्छे से समझ चुके थे और अपने विरोधियों को जीवन में एक पाठ सिखाना चाहते थे। इस सबके बावजूद लोग उन्हें रिस्क उठाने की क्षमतावाले उद्योगपति की हैसियत से ही जानते थे।

इस पूरे दृष्टांत से यह स्पष्ट होता है कि यह केवल रिस्क या जोखिम नहीं था, बल्कि सोची-समझी योजना थी और धीरूभाई बहुत अच्छे से समझ चुके थे और अपने विरोधियों को जीवन में एक पाठ सिखाना चाहते थे। इस सबके बावजूद लोग उन्हें रिस्क उठाने की क्षमतावाले उद्योगपति की हैसियत से ही जानते थे।

इस दृष्टांत के वर्णन से यह समझ लेना कि धीरूभाई के जीवन में केवल यही विवाद हुआ, गलत होगा, क्योंकि उनका जीवन अनेक ऐसे विवादों और

झंझटों से भरा पड़ा है, जिनमें अधिकांश में अपने साहस और निष्ठा से वे सफल हुए, किंतु कुछ ऐसे भी हैं, जिनमें उन्हें हार का मुँह देखना पड़ा। इनमें से कुछेक दृष्टांत पर एक नजर डालना मौजू होगा, जिनके माध्यम से पाठकों को धीरूभाई के अंतरंग पहलुओं के अंदर झाँकने का अवसर मिलेगा और पाठकों को यह जानकारी भी होगी कि उन्हें अपने जीवन में प्रतिस्पर्धा, ईर्ष्या, बैर, वैमनस्य, एक सामान्य जीवन से कितना अधिक मिला, किंतु इन झंझावातों ने उनके जीवन में संघर्ष की जिजीविषा में कमी नहीं आने दी; उनका अपना जो सपना था, जिसके लिए वे संघर्षरत थे, उसमें ढील नहीं आने दी। रिलायंस को भारत की सबसे बड़ी निजी कंपनी बनाने का उनका सपना अडिग रहा। अपने सपने को साकार करने के लिए दुनिया के हर विवाद, प्रत्येक झंझट को सुलझाने के प्रयास में वे कभी पथभ्रष्ट नहीं हुए, जैसा कि पिछले दृष्टांत से यह स्पष्ट हो जाता है। आनेवाले दिनों में भी धीरूभाई अपना लक्ष्य प्राप्त करने के लिए किस सीमा तक जा सकते थे, वह अवसर भी जल्दी उनके समक्ष आ पहुँचा, जब उन्होंने भारत के वित्त मंत्री और प्रधानमंत्री तक अपने संघर्ष को ले जाने में संकोच नहीं किया। आइए, दो-एक ऐसे दृष्टांतों पर नजर डालते हैं!

धीरूभाई को वी.पी. सिंह से टकराना पड़ा, जो भारत के वित्त मंत्री और प्रधानमंत्री भी थे। वे भली प्रकार जानते थे कि औद्योगिक आकांक्षाएँ राजनीतिक समर्थन के बिना पूरी नहीं की जा सकतीं और यही कारण था कि उन्होंने इंदिरा गांधी से संपर्क कायम किया था।

धीरूभाई को वी.पी. सिंह से टकराना पड़ा, जो भारत के वित्त मंत्री और प्रधानमंत्री भी थे। वे भली प्रकार जानते थे कि औद्योगिक आकांक्षाएँ राजनीतिक समर्थन के बिना पूरी नहीं की जा सकतीं और यही कारण था कि उन्होंने इंदिरा गांधी से संपर्क कायम किया था। जब 31 अक्तूबर, 1984 को उनकी हत्या हो गई और उनके बाद राजीव गांधी प्रधानमंत्री बने तो धीरूभाई को उम्मीद थी कि जो संपर्क उन्होंने इंदिरा गांधी के समय राजनीतिक गलियारों

में कायम किया था, वह बना रहेगा, लेकिन यह संभव नहीं हो पाया। राजीव गांधी की मंत्रिपरिषद् में वी.पी. सिंह ने वित्त मंत्री के रूप में शपथ ली। उन्होंने मंत्री बनते ही कुछ तीखे कदम उठाए, जिनमें धीरूभाई अंबानी और अमिताभ बच्चन के अतिरिक्त अन्य अनेक प्रतिष्ठानों पर छापा मारना शामिल था, जिसको लेकर कांग्रेस पार्टी उनसे नाराज हो गई और उन्हें मंत्रिपरिषद् से हटा दिया गया, लेकिन वी.पी. सिंह काफी वजनदार नेता थे। उन्हें मंत्रिपरिषद् से इतनी आसानी से हटाना संभव नहीं था। लिहाजा, दूसरा मार्ग निकालकर उन्हें दुबारा शामिल करके रक्षा मंत्री का पद सौंपा गया। रक्षा मंत्रालय में भी उनका कार्यकाल यादगार बन गया, क्योंकि वी.पी. सिंह को प्रतिरक्षा मंत्रालय में शस्त्रों की खरीद में हुई सौदेबाजियों की भनक मिल चुकी थी और उनकी जाँच-पड़ताल में 'बोफोर्स किकबैक्स' का खुलासा हुआ, जिसने देश में खलबली पैदा कर दी। मामले ने इतना तूल पकड़ा कि न सिर्फ राजीव गांधी की सरकार गिरी, बल्कि यह मामला वर्षों तक अनेक कांग्रेसी नेताओं को सताता रहा।

बहरहाल जो हुआ सो हुआ। आइए हम अपने विषय पर लौटते हैं और देखते हैं कि इस सब राजनीतिक उथल-पुथल का धीरूभाई अंबानी और रिलायंस पर क्या प्रभाव पड़ा।

बहरहाल जो हुआ सो हुआ। आइए हम अपने विषय पर लौटते हैं और देखते हैं कि इस सब राजनीतिक उथल-पुथल का धीरूभाई अंबानी और रिलायंस पर क्या प्रभाव पड़ा।

धीरूभाई अंबानी को अपनी कपड़े की फैक्टरी पोलियस्टर धागे के लिए पी.टी.ए. अर्थात् 'प्यूरीफाइड टेरेफ्थैलिक एसिड' का आयात करना पड़ता था। किंतु जैसे ही वी.पी. सिंह ने वित्त मंत्री का पद सँभाला, उन्होंने पी.टी.ए. को 'ओपन जनरल लाइसेंस कैटेगरी' से हटाकर 'परिमिशिबल लिस्ट' में डाल दिया अर्थात् अब पी.टी.ए. का आयात करने के लिए सरकार की आज्ञा लेनी पड़ेगी। यह घटना मई 1985 की है। धीरूभाई को वित्त मंत्री के इस निर्णय से पहले ही इसकी जानकारी मिल गई थी, इसलिए उन्होंने एक

तोड़ निकाल लिया। उन्होंने कुछ बैंकों से बातचीत करके उनसे 'लेटर ऑफ क्रेडिट' (एल.सी.) जारी करवा दिए, जिनके आधार पर उन्हें अगले एक वर्ष तक पी.टी.ए. का आयात बिना अवरोध के मिलता रहेगा। लेकिन, चूँकि उनकी यह काररवाई सरकार के निर्णय से कुछ ही दिन पहले हुई, उस पर विवाद उठ जाना स्वाभाविक था। वित्त मंत्री को जब यह पता चला तो वे चिढ़ गए। उन्होंने तुरंत पी.टी.ए. के आयात पर 50 प्रतिशत आयात शुल्क लगा दिया और यहीं से धीरूभाई और वी.पी. सिंह का खुलकर आमना-सामना हुआ, जिसका परिणाम अन्य मामलों पर भी पड़नेवाला था और वह समय भी जल्दी आ गया। रिलायंस के लिए कठिन दौर शुरू हो गया।

> *धीरूभाई आर्थिक कामकाज के माने हुए पारखी थे। इसीलिए वे कोई टैक्स नहीं देते थे। उन्हें लागत के लिए और धन की जरूरत थी। वह समय था, जब उन्होंने एक नया प्लान बनाया था। रिलायंस में पूँजी लगानेवाले उन्हें अपना भगवान् मानते थे। उनका धीरूभाई पर पूरा भरोसा था।*

धीरूभाई आर्थिक कामकाज के माने हुए पारखी थे। इसीलिए वे कोई टैक्स नहीं देते थे। उन्हें लागत के लिए और धन की जरूरत थी। वह समय था, जब उन्होंने एक नया प्लान बनाया था। रिलायंस में पूँजी लगानेवाले उन्हें अपना भगवान् मानते थे। उनका धीरूभाई पर पूरा भरोसा था। रिलायंस अब तक बड़ी संस्था में डिबेंचर्स (ऋण-पत्र) जारी कर चुका था। धीरूभाई का प्लान था कि इन डिबेंचर्स को 'इक्विटी शेयर' में परिवर्तित करके कंपनी की माली हालत सुधारी जा सकती है और कंपनी अपने 'डेट इक्विटी रेशियो' में सुधार ला सकती है; ब्याज की देनदारी में कमी हो सकती है और उन्हें धन अर्जित करने का अवसर मिल सकता है। लेकिन इसमें पेच यह था कि ये डिबेंचर्स 'नॉन-कनवर्टेबल' (अपरिवर्तनीय) थे। जो भी हो, धीरूभाई ने वित्त मंत्रालय के अधिकारियों को इसकी जानकारी देकर उनका विश्वास प्राप्त कर लिया और रिलायंस में पैसा लगानेवाले व्यापारी भी इस प्रस्ताव को स्वीकार करके खुश हो गए थे।

लेकिन इस सबमें वी.पी. सिंह थे। जून, 1984 जब वी.पी. सिंह को पता चला। उसके दूसरे ही दिन रिलायंस की जनरल बॉडी की मीटिंग होनेवाली थी। वी.पी. सिंह ने इसकी अनुमति देने से इनकार कर दिया। इसका असर 'भूकंप' जैसा था। कुछ ही घंटों में रिलायंस के शेयरों के मूल्य घटकर आधे रह गए। लेकिन अभी और झटके इंतजार कर रहे थे। सार्वजनिक क्षेत्र के बैंकों ने लागत लगानेवाली करीब साठ कंपनियों को 'रिलायंस शेयर' की गारंटी पर भारी रकमें उधार दे रखी थीं और ये कंपनियाँ ही अब रिलायंस के डिबेंचर्स खरीदने जा रही थीं।

धीरूभाई के खिलाफ एक दूसरा मोर्चा प्रमुख समाचार-पत्र 'इंडियन एक्सप्रेस' ने भी खोल दिया था। समाचार-पत्र ने स्पष्ट रूप से रिलायंस के विरुद्ध शिकायत करते हुए लिखा कि लागत लगानेवाली सभी कंपनियाँ रिलायंस के ही मुखौटे हैं और वे डिबेंचर्स को शेयर में तब्दील करने का काम कर रही हैं। इस सनसनीखेज समाचार का तुरंत असर हुआ। रिजर्व बैंक ऑफ इंडिया हरकत में आ गया और उसने सार्वजनिक बैंकों को इन कंपनियों से उधार की रकम वापस जमा करने का आदेश दे दिया।

धीरूभाई के खिलाफ एक दूसरा मोर्चा प्रमुख समाचार-पत्र 'इंडियन एक्सप्रेस' ने भी खोल दिया था। समाचार-पत्र ने स्पष्ट रूप से रिलायंस के विरुद्ध शिकायत करते हुए लिखा कि लागत लगानेवाली सभी कंपनियाँ रिलायंस के ही मुखौटे हैं और वे डिबेंचर्स को शेयर में तब्दील करने का काम कर रही हैं।

यह झटका धीरूभाई को व्यक्तिगत रूप से बहुत भारी पड़ा। उसने धीरूभाई की व्यापारिक मेधा पर गहरी चोट पहुँचाई। फरवरी 1986 में उन्हें पैरालिटिक अटैक (लकवा) हुआ।

बाद में चलकर यह पता चला कि 'इंडियन एक्सप्रेस' को यह खबर देनेवाले नुस्ली वाडिया थे। यह साफतौर पर व्यापारिक स्पर्धा थी, क्योंकि दोनों एक ही व्यवसाय में लगे हुए थे। नुस्ली वाडिया 'डी मेथिल टेरेफ्थलेट' का

उत्पादन करते थे और धीरूभाई पी.टी.ए. बनाते थे। ये दोनों उत्पाद पोलियस्टर धागे और महीन धागे बनाने में कच्चे माल के रूप में काम आते हैं। इस मौके पर 'इंडियन एक्सप्रेस' ने नुस्ली वाडिया का समर्थन किया और रिलायंस को बदनाम करने के लिए अनेक खबरों का सिलसिला शुरू किया। संकट की इस घड़ी में सरकार ने आग में घी का काम किया। उसने पी.एफ.आई. के आयात पर कस्टम ड्यूटी हटा दी, जिसका सीधा असर रिलायंस पर पड़ा। बहरहाल, धीरूभाई ने एक बार फिर अपने कार्यकौशल का परिचय दिया, जब पाँच 'बिलियन कनवर्टेबल डिबेंचर इशू' ने सात गुना ज्यादा खरीदारी का रिकॉर्ड बना दिया।

इस पूरे कांड में दिलचस्प बात यह थी कि धीरूभाई के विरुद्ध प्रचार अभियान में 'इंडियन एक्सप्रेस' ने जो लेख लिखे थे, उनके सह-लेखक अरुण शौरी थे, जो आगे चलकर अटल बिहारी वाजपेयी की सरकार में विकेंद्रीकरण मंत्री बने और यह भी समय का व्यंग्य ही था कि मंत्री की हैसियत से अरुण शौरी ने 'इंडियन पेट्रोकेमिकल्स कॉरपोरेशन लिमिटेड' (आई.पी.सी.एल.) की 26 प्रतिशत 'इक्विटी कैपिटल को रिलायंस को बेचने की प्रक्रिया में अध्यक्षता की, जिसके परिणामस्वरूप रिलायंस ने विभिन्न प्रकार के पेट्रोकेमिकल प्रोडक्ट्स के उत्पादन में वर्चस्व हासिल कर लिया। 'इंडियन एक्सप्रेस' के रिलायंस विरोधी लेखों में अरुण शौरी के साथ और कोई नहीं बल्कि राष्ट्रीय स्वयं सेवक संघ (आर.एस.एस.) द्वारा पोषित 'स्वदेशी जागरण मंच' के एस. गुरुमूर्ति भी थे, जो वैचारिक आधार पर भारतीय जनता पार्टी से जुड़ा माना जाता है।

'इंडियन एक्सप्रेस' के रिलायंस विरोधी लेखों में अरुण शौरी के साथ और कोई नहीं बल्कि राष्ट्रीय स्वयं सेवक संघ (आर.एस.एस.) द्वारा पोषित 'स्वदेशी जागरण मंच' के एस. गुरुमूर्ति भी थे, जो वैचारिक आधार पर भारतीय जनता पार्टी से जुड़ा माना जाता है।

अब जहाँ तक वी.पी. सिंह का संबंध है, उन्हें वित्त मंत्रालय से हटाकर

रक्षा मंत्रालय सौंप दिया गया था। लिहाजा, रिलायंस के मार्ग का अवरोध समाप्त हो गया और उसे जल्दी ही डिबेंचर्स को शेयर में बदलने की अनुमति मिल गई। इसके अतिरिक्त उसे अन्य रुके हुए मामलों में भी राहत मिल गई और इस प्रकार इस केस में धीरूभाई अंबानी का पलड़ा भारी ही रहा। जीत उन्हीं की हुई।

जीवन का यह भी एक कड़वा सच है कि कोई भी योद्धा प्रत्येक युद्ध नहीं जीत पाता। कहीं-न-कहीं उसे हार का मुख देखना ही पड़ता है और धीरू भी इसका अपवाद नहीं थे। उन्हें भी कॉरपोरेट सेक्टर की एक लड़ाई में हार मिली। यह उस समय की बात है, जब उनकी नजरों ने लार्सन एंड टुबरो (एल. एंड टी.) को अपनी ऊँचाइयाँ से नीचे खिसकते देखा। यह 1988 की घटना है। उस समय धीरूभाई का उद्योग जगत् में दबदबा शुरू हो चुका था। उन्हें लगा कि यह एल. एंड टी. को हथियाने का उपयुक्त अवसर है। धीरूभाई के दोनों बेटों—मुकेश और अनिल ने एल. एंड टी. के बोर्ड ऑफ डायरेक्टर्स में प्रवेश ले लिया और धीरूभाई ने एल. एंड टी. का चेयरमैन पद सँभाला। ऐसे मौके पर उनके बैरी खामोश कैसे रह सकते थे? 'इंडियन एक्सप्रेस' अब भी रिलायंस से संबंधित प्रत्येक मुद्दे पर धूल उड़ाने में पीछे नहीं रहता था। जब उसने धीरूभाई को एल. एंड टी. में प्रवेश करते देखा तो उसने नए जोश से धीरूभाई के खिलाफ एक नया मोर्चा खोल दिया। आग में घी का काम वी.पी. सिंह ने किया, जो अब प्रधानमंत्री की कुरसी पर विराजमान थे, यद्यपि यह कुरसी उनके लिए क्षणिक ही सुख दे पाई।

जीवन का यह भी एक कड़वा सच है कि कोई भी योद्धा प्रत्येक युद्ध नहीं जीत पाता। कहीं-न-कहीं उसे हार का मुख देखना ही पड़ता है और धीरू भी इसका अपवाद नहीं थे। उन्हें भी कॉरपोरेट सेक्टर की एक लड़ाई में हार मिली। यह उस समय की बात है, जब उनकी नजरों ने लार्सन एंड टुबरो (एल. एंड टी.) को अपनी ऊँचाइयाँ से नीचे खिसकते देखा।

यह देश के लिए आपाधापी का समय था। देश की राजनीति अस्थिर होती जा रही थी। राजीव गांधी की सरकार 'स्कैंडलों', राजनीतिक विवादों, घूस कांडों और सर्वप्रमुख बोफोर्स सौदेबाजी में 'किकबैक्स' के अलावा श्रीलंका में शांति स्थापित करने के लिए 'पीस कीपिंगफोर्स' को भेजने तथा धार्मिक मामलों में विवादास्पद कदम उठाने (प्रथम राम जन्मभूमि तथा दूसरा शाहबानो केस) के लिए बड़ी तेजी से बदनाम होती जा रही थी। सरकार के सबसे बड़े आलोचक उस समय वी.पी. सिंह थे। आमतौर पर यह समझा जाता था कि उनके पास बोफोर्स स्कैंडल में सौदेबाजी की खबरें हैं, जो राजीव गांधी की कुरसी को डाँवाँडोल कर सकती हैं, लेकिन बाद में चलकर 2005 में उन्होंने स्वीकार किया कि उनके पास 'बोफोर्स' की नहीं, बल्कि 'एच.डी.डब्ल्यू.' की सौदबाजी की खबरें थीं। जब उन्हें मंत्रिपरिषद् से निकाला गया तो उन्होंने कांग्रेस और लोकसभा से भी इस्तीफा दे दिया और अरुण नेहरू तथा आरिफ मुहम्मद खाँ से मिलकर 'जन मोर्चे' का गठन किया और आम चुनाव में इलाहाबाद से खड़े होकर फिर से चुनाव जीतकर लोकसभा में आ गए। यह उनका विलक्षण प्रताप ही था।

सन् 1989 के आम चुनाव में वी.पी. सिंह ने नेशनल फ्रंट (राष्ट्रीय मोर्चा) के नेता के रूप में चुनाव लड़ा। नेशनल फ्रंट को भारतीय जनता पार्टी और वामपंथी दलों का सहयोग प्राप्त था। इस आधार पर नेशनल फ्रंट ने लोकसभा में साधारण बहुमत प्राप्त कर लिया।

सन् 1989 के आम चुनाव में वी.पी. सिंह ने नेशनल फ्रंट (राष्ट्रीय मोर्चा) के नेता के रूप में चुनाव लड़ा। नेशनल फ्रंट को भारतीय जनता पार्टी और वामपंथी दलों का सहयोग प्राप्त था। इस आधार पर नेशनल फ्रंट ने लोकसभा में साधारण बहुमत प्राप्त कर लिया। लेकिन सरकार में शामिल होने के लिए बी.जे.पी. तथा वामपंथी दलों ने इनकार कर दिया और सरकार से बाहर रहकर उसे समर्थन देने का फैसला किया।

सरकार के गठन से पूर्व ही विवाद पैदा हो गया। वी.पी. सिंह ने स्पष्ट

रूप से प्रधानमंत्री राजीव गांधी के खिलाफ चुनाव जीता था, लेकिन जब पहली दिसंबर 1989 को नेता चुनने के लिए पार्टी की सभा आयोजित की गई तो वी.पी. सिंह ने हरियाणा के जाट नेता देवी लाल के नाम का प्रस्ताव रख दिया, लेकिन जाट नेता ने प्रस्ताव को अस्वीकार करते हुए वी.पी. सिंह का नाम प्रस्तावित किया। चंद्रशेखर, जो कांग्रेस में गरम दल के मुखिया रह चुके थे, उन्हें इस मिलीभगत में आशंका नजर आई। उन्होंने इस अस्थिर माहौल में खुद को बढ़ाने का मौका देखा और मंत्रिपरिषद् में भाग लेने से इनकार कर दिया।

जो भी हो, वर्तमान स्थिति में वी.पी. सिंह प्रधानमंत्री बन गए। अगले दो दिनों में 2 दिसंबर, 1989 को उन्होंने पद की शपथ ली। यद्यपि प्रधानमंत्री के रूप में उनका कार्यकाल एक वर्ष से कम अवधि का रहा, किंतु इसका यह अर्थ नहीं कि यह काल बिना उठा-पटक के बीता, बल्कि उसने देश में एक प्रकार से भूचाल पैदा कर दिया। प्रधानमंत्री बनते ही वी.पी. सिंह ने 'मंडल कमीशन' की रिपोर्ट, जो सालों से सरकार के ठंडे बस्ते में पड़ी थी, उसे साफ करके देश में लागू कर दिया, जिसने देश में तहलका मचा दिया। उधर, जब उन्होंने देखा कि धीरूभाई एल. एंड टी. के चेयरमैन बन गए हैं तो उनके पुराने घाव फिर ताजा हो गए। इस बार वी.पी. सिंह ने धीरूभाई के एल. एंड टी. के चेयरमैन बनने पर रोड़ा अटकाने के लिए लाइफ इंश्योरेंस कॉरपोरेशन ऑफ इंडिया (एल.आई.सी.) और जनरल इंश्योरेंस कॉरपोरेशन ऑफ इंडिया (जी.आई.सी.) जैसे सार्वजनिक वित्तीय प्रतिष्ठानों का प्रयोग किया। धीरूभाई को लगा कि इस बार की लड़ाई में वे पार नहीं

जो भी हो, वर्तमान स्थिति में वी.पी. सिंह प्रधानमंत्री बन गए। अगले दो दिनों में 2 दिसंबर, 1989 को उन्होंने पद की शपथ ली। यद्यपि प्रधानमंत्री के रूप में उनका कार्यकाल एक वर्ष से कम अवधि का रहा, किंतु इसका यह अर्थ नहीं कि यह काल बिना उठा-पटक के बीता, बल्कि उसने देश में एक प्रकार से भूचाल पैदा कर दिया।

पहुँच पाएँगे, इसलिए उन्होंने बोर्ड ऑफ डायरेक्टर्स से इस्तीफा दे दिया।

मैं समझता हूँ कि मेरे लिए यहाँ यह भी बताना मौजू रहेगा कि वी.पी. सिंह की सरकार किस प्रकार गिरी! राम रथ यात्रा के दौरान जब लालकृष्ण आडवाणी अयोध्या की राह पर समस्तीपुर पहुँचे तो वी.पी. सिंह ने उन्हें गिरफ्तार करने का आदेश दे दिया, जिसको लेकर बी.जे.पी. ने अपना समर्थन वापस ले लिया और संसद् में विश्वास प्रस्ताव में उनकी सरकार 142–346 की संख्या से अल्पमत होकर गिर गई। इस खालीपन में चंद्रशेखर को अवसर मिल गया और वे कांग्रेस के बाहरी समर्थन पर प्रधानमंत्री बन गए। उनकी सरकार भी कुछ ही महीने चल पाई। यह वास्तव में देश में अस्थायित्व और अनिर्णय का दौर था। इस दौर को फिलहाल छोड़कर वापस एल. एंड टी. के विवाद पर चर्चा करते हैं। रिलायंस ने उसकी संपत्ति को 'ग्रसीम' को बेच दी। इस सौदे पर भी 'एक्सचेंज बोर्ड ऑफ इंडिया' (सेबी) ने आपत्ति की। उसने कहा कि रिलायंस को अपने शेयर बेचने के निर्णय से कुछ ही महीने पहले एल. एंड टी. के शेयर नहीं खरीदने चाहिए थे और इस चूक के लिए रिलायंस को फाइन भरना पड़ा।

एक अन्य विवाद में भी धीरूभाई को नीचा देखना पड़ा। यह मामला शेयरों के बेचने से संबंधित था। मामला यह था कि यूनिट ट्रस्ट ऑफ इंडिया (यू.टी.आई.) ने कुछ रिलायंस शेयरों को ट्रांसफर के लिए उसके रजिस्ट्रार के पास भेजा, लेकिन जब वे शेयर लौटकर आए तो शेयरों के नंबर अलग थे।

एक अन्य विवाद में भी धीरूभाई को नीचा देखना पड़ा। यह मामला शेयरों के बेचने से संबंधित था। मामला यह था कि यूनिट ट्रस्ट ऑफ इंडिया (यू.टी.आई.) ने कुछ रिलायंस शेयरों को ट्रांसफर के लिए उसके रजिस्ट्रार के पास भेजा, लेकिन जब वे शेयर लौटकर आए तो शेयरों के नंबर अलग थे। इस बात को लेकर अफवाह यह फैली कि शेयरों में कुछ धाँधली है और यह कि शेयर नकली हैं। सेबी ने इसकी जाँच-पड़ताल की, लेकिन उसे नकली

होने का कोई सबूत नहीं मिला, लेकिन यह जरूर कहा कि शेयरों के नंबर लगाने और ट्रांसफर करने की प्रक्रिया में कुछ फर्क है, जिसके परिणामस्वरूप सेबी ने रिलायंस की कंसल्टेंसी सर्विसेज (रिलायंस के रजिस्ट्रार) को बंद करने का आदेश दे दिया। इससे कुछ हद तक रिलायंस की प्रतिष्ठा बच गई, लेकिन एक दूसरा संकट मुँह बाए खड़ा था।

जब टेलीकॉम सेक्टर की शुरुआत हुई थी, उस समय बेसिक और सेलुलर टेलीकॉम ऑपरेटरों को स्पष्ट रूप से अलग रखा गया था। रिलायंस ने अनेक सेक्टरों में बुनियादी लाइसेंस प्राप्त कर लिये थे। यही समय था जब 'विल' (वायरलेस इन लोकल लूप) टेक्नोलॉजी ने बुनियादी ऑपरेटरों को संभावित मॉबिलिटी (गतिशीलता) की छूट दे दी। यह अपने आप में क्रांतिकारी विचार था, लेकिन सेलुलर ऑपरेटरों को पसंद नहीं आया। उनका कहना था कि उनके लाइसेंस में हस्तक्षेप है, जिसके लिए उन्होंने भारी रकम चुकाई है। इसके अलावा रिलायंस के आलोचकों को हल्ला मचाने का मौका मिल गया, क्योंकि रिलायंस को सेलुलर ऑपरेटर का नुकसान पहुँचाकर 'विल' के माध्यम से फायदा उठाने का अवसर मिल गया।

बहरहाल, मामला टेलीकॉम रेगुलेटरी अथॉरिटी ऑफ इंडिया (हाई) के पास पहुँचा। उसने बेसिक ऑपरेटरों को अनेक प्रतिबंधों के साथ मॉबिलिटी में छूट दे दी। विरोधी पार्टियों ने कानूनी लड़ाई शुरू कर दी। लेकिन उसके बाद टेक्नोलॉजी दिन-पर-दिन इतनी विकसित होती गई कि पुराना कार्यक्षेत्र अब पूरी तरह से बदल गया।

बहरहाल, मामला टेलीकॉम रेगुलेटरी अथॉरिटी ऑफ इंडिया (हाई) के पास पहुँचा। उसने बेसिक ऑपरेटरों को अनेक प्रतिबंधों के साथ मॉबिलिटी में छूट दे दी। विरोधी पार्टियों ने कानूनी लड़ाई शुरू कर दी। लेकिन उसके बाद टेक्नोलॉजी दिन-पर-दिन इतनी विकसित होती गई कि पुराना कार्यक्षेत्र अब पूरी तरह से बदल गया।

धीरूभाई के जीवन में केवल विवाद ही नहीं थे, बल्कि उन्हें आयकर के अधिकारियों को भी शांत रखना होता था। अकसर उन पर बैलेंस शीट और बहीखातों में फेरबदल करने के आरोप लगाए जाते थे। इन विवादों में उनके कुछ अधिकारी भी लिप्त पाए गए। उदाहरण के लिए दो अधिकारियों पर 'ऑफिशियल सीक्रेट एक्ट' का उल्लंघन करने का आरोप लगाया गया, क्योंकि एक पुलिस छापे के दौरान उनके पास कैबिनेट नोट पाया गया और उनमें से एक पर माफिया डॉन से संपर्क रखने का भी आरोप लगा।

धीरूभाई के जीवन में केवल विवाद ही नहीं थे, बल्कि उन्हें आयकर के अधिकारियों को भी शांत रखना होता था। अकसर उन पर बैलेंस शीट और बहीखातों में फेरबदल करने के आरोप लगाए जाते थे। इन विवादों में उनके कुछ अधिकारी भी लिप्त पाए गए।

कहा जाता है कि धीरूभाई ने दिल्ली की सीमा के बाहरी क्षेत्र में एक कार्यालय खोल रखा था, जिसमें सरकार के अवकाशप्राप्त अधिकारियों की बहाली होती थी। उनका प्रमुख कार्य सरकारी क्षेत्रों में रिलायंस के लिए 'लॉबी' तैयार करना होता था अर्थात् उनका काम था कि विभिन्न मंत्रालयों में रिलायंस के लिए मैत्रीपूर्ण वातावरण तैयार करें। इसके लिए विभिन्न प्रक्रियाएँ हाथ में ली जाती थी। ये लोग सरकार के वरिष्ठ अधिकारियों के बच्चों के बारे में पूरी जानकारी एकत्र करते थे, ताकि समय आने पर उनके बच्चों को उच्च अध्ययन के लिए विदेश भेजा जा सके। इसी प्रकार, दिवाली के अवसर पर सरकारी अधिकारियों को 'गिफ्ट पैकेट' भेजे जाते थे और प्रत्येक पैकेट में सोने या चाँदी का एक 'पीस' होता था। समय के अंतराल ने यह साबित कर दिया कि इन सब कार्यों ने रिलायंस को सरकारी क्षेत्र में हमेशा 'गुड बुक्स' में रखा और रिलायंस को सभी प्रकार के सरकारी निर्णयों से पूर्व ही सूचना मिल जाया करती थी।

लोकप्रियता के शिखर पर

धीरूभाई अंबानी का नाम घर-घर तक पहुँचने में क्या केवल उनके उद्योग का हाथ था? यदि व्यापक रूप से देखा जाए तो यह सही नहीं है। उनकी लोकप्रियता बढ़ाने में भी कई कारक थे। वे अनेक ऐसे क्षेत्रों में शामिल हो जाते थे, जिन्हें यदि एकल दृष्टि से देखा जाए तो उन्हें व्यापार से सीधे नहीं जोड़ा जा सकता; किंतु व्यापक दृष्टि से देखें तो उसे व्यापार ही कहेंगे, क्योंकि जिस चरम सीमा पर उनकी लोकप्रियता पहुँच चुकी थी, उसमें उनके सभी कार्यों का बहुत बड़ा हाथ था।

उनकी सजग दृष्टि राजनीतिक पार्टियों के बनने और बिगड़ने पर बराबर बनी रही थी। उन्होंने लोकप्रिय राजनीतिक दलों को चुनाव में हारते भी देखा। इसलिए वे अपनी मैत्री सभी दलों से बनाए रखते थे और यही कारण था कि सरकार कोई भी राजनीतिक दल बनाए, उन्हें विश्वास था कि रिलायंस को उसका समर्थन मिलता रहेगा और इसी वजह से लोग मजाक में कहा करते थे कि भारत की राजनीतिक पार्टियों में रिलायंस भी शामिल है। यह भी माना जाता रहा है कि रिलायंस की राजनीतिक पकड़ इतनी मजबूत थी कि बहुत ही कम ऐसे राजनीतिक नेता होते थे, जिनके पास धीरूभाई या उनके बेटों से टक्कर लेने का 'जिगरा' होता था और जिन्होंने यह 'जिगरा' दिखाया, उन्हें बाद में चलकर जिन कठिनाइयों का सामना करना पड़ा, यह वे ही जानते हैं। ऐसे दृष्टांतों का वर्णन हम पहले भी

उनकी सजग दृष्टि राजनीतिक पार्टियों के बनने और बिगड़ने पर बराबर बनी रही थी। उन्होंने लोकप्रिय राजनीतिक दलों को चुनाव में हारते भी देखा। इसलिए वे अपनी मैत्री सभी दलों से बनाए रखते थे और यही कारण था कि सरकार कोई भी राजनीतिक दल बनाए, उन्हें विश्वास था कि रिलायंस को उसका समर्थन मिलता रहेगा और इसी वजह से लोग मजाक में कहा करते थे कि भारत की राजनीतिक पार्टियों में रिलायंस भी शामिल है।

कर चुके हैं। उनकी यही बात नौकरशाही पर भी लागू होती है। जिन लोगों ने उनका साथ निभाया, उन्हें धीरूभाई पुरस्कारस्वरूप बहुत कुछ देते थे। उन्हें न केवल आर्थिक रूप से पुरस्कृत करते थे, बल्कि उनके सम्मान और रुतबे में भी इजाफा करने का प्रयास करते थे। इन सभी गुणों के कारण देश का मध्य वर्ग उनका अनुगामी बन गया था और यही वर्ग रिलायंस में लागत लगानेवालों में अहम भूमिका निभाता रहा है। धीरूभाई उन्हें परिवार का सदस्य मानते थे। उन पर अकसर शेयर मूल्यों से खिलवाड़ करने का आक्षेप लगाया जाता था और वे स्वीकार भी करते थे। इसके लिए वे 'थिन एंड सर्कुलर ट्रेडिंग' अर्थात् 'सूक्ष्म और चक्रवात व्यापार' भी करते थे।

अपने व्यापार को बढ़ाने के लिए वे एक अनूठा प्रयोग करते थे। अधिकांश उद्योगपति व्यापार बढ़ाने के लिए आर्थिक प्रतिष्ठानों से उधार लेते हैं, धीरूभाई अपने व्यापार के विस्तार के लिए जनता के पास जाते थे। उनके माध्यम से धन एकत्र करते थे।

अपने व्यापार को बढ़ाने के लिए वे एक अनूठा प्रयोग करते थे। अधिकांश उद्योगपति व्यापार बढ़ाने के लिए आर्थिक प्रतिष्ठानों से उधार लेते हैं, धीरूभाई अपने व्यापार के विस्तार के लिए जनता के पास जाते थे। उनके माध्यम से धन एकत्र करते थे। वे बड़े शहरों से ज्यादा छोटे शहरों और कस्बों में बसे अपने 'लागत लगानेवालों' पर अधिक ध्यान देते थे और उनके पास अपनी मौजूदगी को स्वरूप देने के लिए ही उन्होंने 'विमल' के स्टोर छोटे शहरों और कस्बों में खोले थे। इन स्टोरों के उद्घाटन के लिए वे स्वयं जाया करते और एक ही दिन में कई विमल स्टोरों का उद्घाटन करते थे।

धीरूभाई से जब उनके समर्थक उनके नाम के साथ जुड़े विवादों के बारे में पूछा करते थे तो वे बिना संकोच के कहा करते थे कि भारत का छोटा या बड़ा कोई भी उद्योगपति यह नहीं कह सकता कि उस पर कोई विवाद नहीं उठा है! विवाद का होना उद्योग का एक भाग है और फिर उनका कहना

था कि मामूली हेरा-फेरी उद्योग/व्यापार का ही एक भाग होता है। उन्होंने 'टाइम' मैगजीन के एक इंटरव्यू में स्वयं यह स्वीकार किया था कि वे कोई 'मदर टेरेसा' नहीं हैं। मानस चक्रवर्ती ने शायद धीरूभाई के व्यक्तित्व को सटीक भाषा में वर्णित करते हुए लिखा था कि 'उनकी दृष्टि में सामान्य में असामान्यता का जुड़ाव ही उनकी सफलता का रहस्य है।'

धीरूभाई शेयर होल्डरों के साथ-साथ अपने कर्मचारियों का भी विशेष खयाल रखते थे। ऐसे अनेक दृष्टांत हैं, जिनमें उन्होंने एक कदम आगे जाकर उनकी मदद की। उनके बारे में यह मशहूर था, जब कभी उनकी टीम का कोई सदस्य परेशानी में होता था तो वे एक मसीहा की तरह वहाँ पहुँच जाते थे, जैसे उनके पास कोई जादू की छड़ी थी, जो बताती थी कि कहाँ क्या हो रहा है!

धीरूभाई शेयर होल्डरों के साथ-साथ अपने कर्मचारियों का भी विशेष खयाल रखते थे। ऐसे अनेक दृष्टांत हैं, जिनमें उन्होंने एक कदम आगे जाकर उनकी मदद की। उनके बारे में यह मशहूर था, जब कभी उनकी टीम का कोई सदस्य परेशानी में होता था तो वे एक मसीहा की तरह वहाँ पहुँच जाते थे, जैसे उनके पास कोई जादू की छड़ी थी, जो बताती थी कि कहाँ क्या हो रहा है!

यदि धीरूभाई अपने कर्मचारियों का खयाल रखते थे तो कर्मचारियों ने भी कठिन दौर में उनका भरपूर साथ दिया। ऐसे अनेक दृष्टांत मौजूद हैं। यह उनका अपने कर्मचारियों पर विश्वास ही था कि दूसरे प्रोजेक्ट्स की तुलना में तीस प्रतिशत कम लागत में केवल तीन वर्ष की अवधि में उन्होंने जामनगर में पट्रोलियम रिफाइनरी का प्रोजेक्ट खड़ा कर दिया। यह उनकी पोषित टीम ही थी कि जिसने जुलाई 1989 में आई बाढ़ के दौरान एक महीने के भीतर 'पाताल गंगा प्रोजेक्ट' को दुबारा पटरी पर ला दिया। यह रिलायंस के शेयरधारकों और कर्मचारियों की निष्ठा का ही कमाल था कि रिलायंस ने खुले आकाश की ऊँचाइयाँ हासिल कीं।

धीरूभाई परोपकार और दान भी करते थे, किंतु उन्होंने इसका कभी प्रचार नहीं किया। अकसर सहायता पानेवाले को यह पता नहीं लगता था कि किसने उसकी मदद की है ? उनके उत्साहित करने के शब्द थे—'सजग रहो और कुछ बड़ा सोचो', 'सीमाएँ केवल मन की उपज होती हैं', 'नहीं, कोई उत्तर नहीं है'। धीरूभाई की विशिष्टताएँ हर दम मुखर रहती थीं। संदेह और अविश्वास का उनके जीवन में कोई स्थान नहीं था। उन्हें अपनी योग्यता पर पूरा भरोसा था और हमेशा आत्मविश्वास से लबरेज रहते थे। इन सभी गुणों और विशिष्टताओं ने उन्हें वह व्यक्ति बनाया, जिसे हम आज जानते हैं।

धीरूभाई परोपकार और दान भी करते थे, किंतु उन्होंने इसका कभी प्रचार नहीं किया। अकसर सहायता पानेवाले को यह पता नहीं लगता था कि किसने उसकी मदद की है ? उनके उत्साहित करने के शब्द थे—'सजग रहो और कुछ बड़ा सोचो', 'सीमाएँ केवल मन की उपज होती हैं', 'नहीं, कोई उत्तर नहीं है'।

धीरज लाल हीराचंद, जो धीरूभाई अंबानी के नाम से जाने जाते हैं, को 1986 में पक्षाघात हुआ। सन् 2002 में उन्हें दिल का भारी दौरा पड़ा। उन्हें मुंबई के ब्रीच कैंडी अस्पताल में भरती कराया गया, जहाँ एक सप्ताह भर 'कोमा' में रहने के बाद 6 जुलाई, 2002 को वे इस संसार से विदा हो गए। उनके देवलोक गमन के साथ ही उद्योग के एक जाज्वल्यमान जीवन का अंत हो गया, लेकिन जो ज्योति उन्होंने जलाई थी, वह आज भी अपने प्रकाश की नित नई ऊर्जा के साथ इतनी प्रकाशमान हो चुकी है कि दूसरे प्रकाश स्तंभ उसकी चकाचौंध में अपनी आभा खोते जा रहे हैं। उन्होंने वह हासिल करके दिखाया, जिसे लोग 'असंभव' कहा करते थे। उन्होंने एक मामूली रकम से भारत में निजी उद्योग में एक औद्योगिक साम्राज्य स्थापित किया। वे जब अदन से लौटकर आए थे, तब उनके पास केवल 50,000 रुपए थे। उन्होंने अपने औद्योगिक जीवन की यात्रा अदन से शुरू की थी, जहाँ वे मामूली गैस

अटेंडेंट थे और यह एक प्रकार से जादू ही कहा जाएगा कि उस मामूली गैस अटेंडेंट से बढ़ते हुए एक दिन वे एक ऐसी अंतरराष्ट्रीय कंपनी के चेयरमैन के पद पर आसीन हो गए, जो भारत में सबसे बड़ी और दुनिया की पाँचवीं बड़ी ऑयल रिफाइनरी थी। एक ऐसा शख्स दुनिया से चला गया, जो असफलता को अपना सबसे बड़ा दुश्मन मानता था। लेकिन उनकी लोकप्रियता केवल उनकी सफलता पर आधारित नहीं थी। उनकी अंत्येष्टि में साधारण लोगों के अतिरिक्त धनी वर्ग भी शामिल था। जनता का सैलाब देखने लायक था। सैनिक वर्ग और आम आदमी से उनका सहज संपर्क था, जिसने उनके व्यक्तित्व को ऐसे आदमी की छवि में परिवर्तित कर दिया, जिसे आप प्यार कर सकते थे, या नफरत कर सकते थे, किंतु उसके अस्तित्व से इनकार नहीं कर सकते थे। उनके व्यक्तित्व के अनेक पक्ष थे। वे एक ऐसे स्वप्नदृष्टा थे, जो जानते थे कि उन्हें क्या चाहिए! वे हेरा-फेरी के भी गुरु माने जाते थे और यह भी जानते थे कि वे कैसे अपने काम में सफल होंगे।

उनकी अंत्येष्टि में साधारण लोगों के अतिरिक्त धनी वर्ग भी शामिल था। जनता का सैलाब देखने लायक था। सैनिक वर्ग और आम आदमी से उनका सहज संपर्क था, जिसने उनके व्यक्तित्व को ऐसे आदमी की छवि में परिवर्तित कर दिया, जिसे आप प्यार कर सकते थे, या नफरत कर सकते थे, किंतु उसके अस्तित्व से इनकार नहीं कर सकते थे।

धीरूभाई की मृत्यु के समय 'रिलायंस ग्रुप ऑफ कंपनीज' का वार्षिक 'टर्नओवर' 75,000 करोड़ (अमेरिकी डॉलर में 15 बिलियन) था। इसकी तुलना 1975-76 के टर्नओवर 70 करोड़ और 1990-91 वर्ष के टर्नओवर 3,000 करोड़ से कीजिए। उस समय रिलायंस सिंथेटिक फाइबर, टेक्सटाइल, पेट्रोलियम प्रोडक्ट्स, ऑयल एंड गैस एक्सप्लोरेशन, पेट्रोलियम रिफाइनिंग, टेली कम्युनिकेशन और फाइनेंशियल सर्विसेज जैसे विभिन्न क्षेत्रों में काम कर रहा था।

अपने जीवनकाल में धीरूभाई अकसर अपनी सफलता पर आश्चर्य किया करते थे और सोचा करते थे कि दूसरे हजारों की संख्या में जो लोग व्यापार में लगे हुए थे, वे क्यों नहीं सफल हुए? शायद वे उनकी तरह एक बड़ा सपना लेकर नहीं आए थे। वे यह भी सोचा करते थे कि यदि वे सभी उनकी तरह सफल हो जाते तो भारत की आर्थिक शक्ति कितनी विराट् हो गई होती!

अपनी मृत्यु से वर्षों पहले धीरूभाई ने कहा था, 'धीरूभाई एक दिन नहीं रहेंगे, लेकिन रिलायंस के कर्मचारी और शेयर होल्डर उन्हें बरकरार रखेंगे। रिलायंस आज केवल नाम है, जहाँ अंबानी अब अप्रासंगिक हो गया है। अपने जीवनकाल में उन्हें अनेक पुरस्कारों से नवाजा गया। इनमें सर्वप्रमुख 'पद्म विभूषण' था, जो उन्हें मरणोपरांत दिया गया।

अपनी मृत्यु से वर्षों पहले धीरूभाई ने कहा था, 'धीरूभाई एक दिन नहीं रहेंगे, लेकिन रिलायंस के कर्मचारी और शेयर होल्डर उन्हें बरकरार रखेंगे। रिलायंस आज केवल नाम है, जहाँ अंबानी अब अप्रासंगिक हो गया है। अपने जीवनकाल में उन्हें अनेक पुरस्कारों से नवाजा गया। इनमें सर्वप्रमुख 'पद्म विभूषण' था, जो उन्हें मरणोपरांत दिया गया। उनके जीवन पर अनेक पुस्तकें लिखी गईं। प्रसिद्ध फिल्म निर्माता मणिरत्नम् के निर्देशन में बनी फिल्म 'गुरु' उनके जीवन से प्रोत्साहित होकर बनाई गई थी, जिसमें दिखाया गया था कि एक साधारण व्यक्ति व्यापार एवं उद्योग की प्रतिस्पर्धा से भरी दुनिया में कैसे अपने लिए एक विशिष्ट स्थान बनाने में कामयाब होता है। भूतपूर्व प्रधानमंत्री अटल बिहारी वाजपेयी ने उनके देहावसान के समय उन्हें श्रद्धांजलि अर्पित करते हुए कहा था, 'देश ने आज एक महिमापूर्ण प्रमाण खो दिया है, जो यह दरशाता है कि भारत का एक साधारण नागरिक उद्योग की लगन और सफलता प्राप्त करने के आत्मविश्वास से अपने जीवनकाल में किन बुलंदियों पर पहुँच सकता है!'

मुकेश अंबानी अपने पिता के बारे में क्या सोचते हैं ?

अनेक अवसरों पर मुकेश ने अपने और अपने बच्चों पर अपने पिता के विशाल व्यक्तित्व के प्रभावों का जिक्र किया है; और यह भी मानकर चलिए कि उनके जीवन का यह पक्ष इस पुस्तक को पढ़ने में अकसर आता रहेगा। प्रीतिश नंदी से हुए एक इंटरव्यू में मुकेश अंबानी ने अपने पिता के अनेक वृत्तांतों की चर्चा की है। उन्होंने कहा कि उनके पिता स्वभाव से जिम्मेदार और उद्यमी व्यक्ति थे। दुनिया जानती है कि धीरूभाई ने अपनी जीवन-यात्रा एक गैस एटेंडेंट से शुरू की, किंतु सच यह है कि इससे पूर्व ही उन्होंने पैसा कमाना शुरू कर दिया था। उन्होंने जूनागढ़ के एक छोटे कस्बे चोरवाड़ में भजिया की दुकान खोली थी, जिसमें सप्ताह में वे तीर्थ यात्रियों के लिए भजिया बनाकर बेचा करते थे और अदन जाने तक वह नेकर पहनकर रहते थे।

> ***अनेक अवसरों पर मुकेश ने अपने और अपने बच्चों पर अपने पिता के विशाल व्यक्तित्व के प्रभावों का जिक्र किया है; और यह भी मानकर चलिए कि उनके जीवन का यह पक्ष इस पुस्तक को पढ़ने में अकसर आता रहेगा। प्रीतिश नंदी से हुए एक इंटरव्यू में मुकेश अंबानी ने अपने पिता के अनेक वृत्तांतों की चर्चा की है।***

शुरू से ही धीरूभाई मेहनती और जोखिम उठानेवाले व्यक्ति थे और इसी ललक ने उन्हें अदन जाने के लिए उकसाया, जो उनके लिए कोई स्वर्ग या बहुत बड़ा कार्य क्षेत्र नहीं था, फिर भी वे इस बड़ी दुनिया में साहस और जोखिम उठाने का अनुभव प्राप्त करना चाहते थे। जहाँ तक उनकी शिक्षा का सवाल था, वे केवल मैट्रिक पास थे और वह भी उन्होंने दूसरी बारी में पास की थी। मुकेश हँसते हुए ही कहते हैं कि वे एक प्रकार से एम.ए.बी.एफ. थे 'अर्थात् मैट्रिक अपियर्ड बट फेल्ड' अर्थात् 'मैट्रिक' का इम्तिहान तो दिया, पर फेल हो गए।

मुकेश के अनुसार उनके पिता ने पेट्रोल पंप पर नौकरी करना शुरू

किया था और बाद में 'लॉजिस्टिक्स' यानी जहाजों और विमानों में माल ढोने और लदवाने के काम में लग गए और बड़ी मुस्तैदी से देखते रहे कि काम में जरा भी भूल-चूक न रह जाए। उनके जोखिम उठाने की ललक के बारे में चर्चा करते हुए मुकेश एक वृत्तांत सुनाते हैं, जिसे उन्हीं के शब्दों में सुनते हैं, 'एक बार वे परिवार के साथ पानी के जहाज पर एक पार्टी में भाग लेने गए थे। जहाज जहाँ लंगर डाले हुए थे, वहाँ से समुद्रतट लगभग एक किलोमीटर दूर था। पार्टी में कुछ लोगों ने शर्त रख दी कि जो व्यक्ति ठंडे पानी में कूदकर तट तक तैरकर पहुँच जाएगा, उसे एक आइसक्रीम मिलेगी। यह केवल मजाक था, जिसे किसी ने गंभीरता से नहीं लिया। पापा ने जब यह सुना तो खड़े होकर बोले, 'क्या यही शर्त है?' सब लोग समझते रहे कि वे भी मजाक कर रहे हैं, लेकिन उन्होंने शर्ट उतारकर समुद्र में छलाँग लगा दी और तैरते हुए तट पर पहुँच गए। यह था उनके साहस और जोखिम उठाने का नमूना!'

मुकेश बताते हैं कि उनके पिता अदन पैसा कमाने गए थे और जब वे लौटे तो उनके पास 50,000 रुपए की पूँजी थी। आज यह रकम भले ही मामूली लगे, लेकिन उन दिनों यह काफी मोटी रकम मानी जाती थी और वे अपना व्यापार शुरू करने में उसे लगाना चाहते थे।

मुकेश बताते हैं कि उनके पिता अदन पैसा कमाने गए थे और जब वे लौटे तो उनके पास 50,000 रुपए की पूँजी थी। आज यह रकम भले ही मामूली लगे, लेकिन उन दिनों यह काफी मोटी रकम मानी जाती थी और वे अपना व्यापार शुरू करने में उसे लगाना चाहते थे। अपने पहले नियोक्ता 'पेधीं' की राय पर धीरूभाई ने कपड़े का व्यापार शुरू किया, लेकिन चूँकि वे खुद व्यापार के लक्ष्य को पहले ही टटोलते थे, इसलिए उन्होंने यह पता लगा लिया कि कपड़ा उद्योग का भविष्य किस क्षेत्र में है। वे उद्योग के भविष्य में अपना श्रम जोड़ना चाहते थे। यह वह समय था, जब 'पोलियस्टर' ने मार्केट में शुरुआती कदम रखा था और इसी

में उन्हें अपना भविष्य नजर आया। उन्होंने 'पोलियस्टर' के क्षेत्र को सिर्फ इसलिए नहीं चुना था कि वे उसे पसंद करते थे, बल्कि उन्होंने भली प्रकार से अध्ययन किया था और पोलियस्टर की अन्य धागों से तुलना भी की थी, तब जाकर उन्होंने पोलियस्टर को चुना था, क्योंकि वे जान गए थे कि आगे आनेवाला समय पोलियस्टर का होगा। 1960 के दशक में वे पोलियस्टर के सबसे बड़े ट्रेडर बन गए और वह भी तब, जब देश में पोलियस्टर के उत्पादन के लिए एक भी फैक्टरी या संयंत्र नहीं था। उनका सपना साकार हुआ और उन्होंने मार्केट में 7 प्रतिशत शेयरों पर अपना कब्जा जमा लिया।

1960 के दशक में वे पोलियस्टर के सबसे बड़े ट्रेडर बन गए और वह भी तब, जब देश में पोलियस्टर के उत्पादन के लिए एक भी फैक्टरी या संयंत्र नहीं था। उनका सपना साकार हुआ और उन्होंने मार्केट में 7 प्रतिशत शेयरों पर अपना कब्जा जमा लिया।

मुकेश स्वीकार करते हैं कि रिलायंस उद्योग ने बुनियादी रूप से पोलियस्टर के खंभों पर खड़े होकर ही अपना निर्माण किया है। आज रिलायंस पोलियस्टर उद्योग में दुनिया का सबसे बड़ा उद्योग है। वे यह भी कहते हैं कि उनके पिता ने अपने उद्योग में विकेंद्रीकरण करके पेट्रोकेमिकल्स को अपनाया, वह भी पोलियस्टर उद्योग को बढ़ाने के लिए ही किया था, जिसके बाद उसका विस्तार करते हुए वे प्लास्टिक्स, रिफाइनरीज, तेल और गैस एवं टेलीकम्युनिकेशंस में पहुँच गए। मुकेश गंभीरता से कहते हैं, 'आज हमारे पास अनेक भावी उद्येगों के निर्माण की योजनाएँ हैं, किंतु इन सभी की शुरुआत पापा के पोलियस्टर की दूरदृष्टि से हुई है।'

मुकेश अपने दादा को भी याद करते हुए कहते हैं कि वे आज जिंदा होते तो वे देखते कि हमने कितनी उपलब्धियाँ हासिल की हैं; किंतु हमारी दादी ने 1979 तक, जब तक वे जिंदा रहीं, हमारी सफलता को बराबर देखा।

जब प्रीतिश नंदी ने बात उठाई कि धीरूभाई 'विनय', के लिए नहीं,

बल्कि 'अधैर्य' के लिए जाने जाते थे, तो मुकेश ने स्वीकार करते हुए कहा कि हम उसे 'संक्रमित अधैर्य' का नाम देते हैं। उन्होंने बात बढ़ाते हुए कहा कि हम इस 'संक्रमित अधैर्य' के उत्साह को पूरे संगठन में पैदा करने का प्रयास कर रहे हैं। उन्होंने संक्रमित अधैर्य की व्याख्या करते हुए कहा कि धीरता केवल काम पूरा करने की नहीं, बल्कि काम को दुगनी रफ्तार से पूरा करने की होनी चाहिए। अपने पिता की सबसे बड़ी सफलता का वर्णन करते हुए कहा कि उन्होंने अपने कर्मचारियों में मनोबल का निर्माण किया, क्योंकि वह इसे सर्वाधिक वरीयता प्रदान करते थे और लोगों में उत्साह पैदा करने में 'गुरु' माने जाते थे। यही नहीं, शेयर होल्डरों की जो संख्या चालीस से पचास लाख थी, धीरूभाई उसे चार से पाँच करोड़ या उससे भी ज्यादा पचास करोड़ तक ले जाना चाहते थे।

अपने माता-पिता के बारे में वर्णन करते हुए मुकेश के छोटे भाई अनिल अंबानी कहते हैं कि उनका बचपन मुंबई के घनी आबादीवाले इलाके में स्थित एक चॉल 'कबूतरखाना' में बीता। यह कॉपरेटिव सोसायटी की चॉल थी, जिसमें 600 परिवार रहते थे।

अपने माता-पिता के बारे में वर्णन करते हुए मुकेश के छोटे भाई अनिल अंबानी कहते हैं कि उनका बचपन मुंबई के घनी आबादीवाले इलाके में स्थित एक चॉल 'कबूतरखाना' में बीता। यह कॉपरेटिव सोसायटी की चॉल थी, जिसमें 600 परिवार रहते थे। प्रत्येक परिवार को केवल एक कमरा मिला था…"वहाँ लोग यह जानकर आश्चर्य करते थे कि न तो मैं और न मेरा भाई मुकेश सिगरेट या शराब पीते हैं। न हम जुआ खेलते हैं, बल्कि पूर्णत: शाकाहारी हैं और भगवान् पर विश्वास करनेवाले सीधे-सादे लोग हैं।' जीवन के ये मूल्य हमें अपने माता और पिता से मिले हैं। अनिल बात को जारी रखते हुए कहते हैं, ये मूल्य हमें पाठ पढ़ाने या सिखाने से नहीं, बल्कि व्यवहार और दैनिक दिनचर्या, जैसे ईश्वर का ध्यान करना, बड़ों का आदर करना आदि की शिक्षा से मिले हैं। हम लोग पूरे परिवार में सात लोग थे और सब एक ही कमरे

में रहते थे। लगभग सौ परिवारों को एक ही टॉयलेट और एक ही गुसलखाने पर निर्भर रहना पड़ता था। हमारा कमरा चौथे माले पर था और रोजाना आने-जाने के लिए 50 से 60 सीढ़ियाँ चढ़नी पड़ती थीं।

'जीवन के मूल्यों को आत्मसात् करने में निष्ठा की आवश्यकता होती है', अपने बचपन को याद करते समय अनिल ने कहा था। उस जमाने को याद करते हुए अनिल ने बताया कि जब हमारा परिवार 'उषा किरण' के आवास में पहुँचा, तब तक हमारी आर्थिक स्थिति में काफी सुधार आ चुका था और रुपए-पैसे की तंगी नहीं रह गई थी, फिर भी धीरूभाई बच्चों को उनकी जरूरत के मुताबिक ही पैसा देते थे। वे अकसर, हमें अपनी 'पॉकेट मनी' खुद अर्जित करने के लिए कहा करते थे। उदाहरण के लिए, हमारे बाहरी खेलों की गतिविधियों, जैसे फुटबॉल खेलना या पहाड़ों पर चढ़ने अथवा पैदल लंबी यात्रा पर जाने के लिए वे बच्चों को या तो कोई खाने की चीज के साथ कोल्ड ड्रिंक या दो स्नैक्स दिया करते थे। उनका बजट पाँच रुपए का हुआ करता था और कई वर्षों तक यह बजट उतना ही रहा।

धीरूभाई रिलायंस की प्रगति के लिए विभिन्न दृष्टिकोणों से सोचा करते थे, जैसे जीवन में उनके लिए उसे छोड़कर कोई और काम नहीं था! उनकी लगन और अध्ययन उन्हें हमेशा व्यस्त रखता था। इस सबके बावजूद वे एक पारिवारिक व्यक्ति थे। रविवार उनका अपना होता था, जिसे वे बच्चों के लिए रखते थे।

धीरूभाई रिलायंस की प्रगति के लिए विभिन्न दृष्टिकोणों से सोचा करते थे, जैसे जीवन में उनके लिए उसे छोड़कर कोई और काम नहीं था! उनकी लगन और अध्ययन उन्हें हमेशा व्यस्त रखता था। इस सबके बावजूद वे एक पारिवारिक व्यक्ति थे। रविवार उनका अपना होता था, जिसे वे बच्चों के लिए रखते थे। व्यस्तता कितनी भी रहती हो, पर रविवार बच्चों के लिए होता था और यही उन्होंने अपने बच्चों को भी सिखाया। सप्ताह के दूसरे दिनों वे परिवार

के लिए एक मिनट भी नहीं निकाल पाते थे, लेकिन वे इस कमी को अनूठे प्रयोग से पूरा करते थे। मसलन उन्होंने समाचार-पत्रों में होम ट्यूटर के लिए विज्ञापन दिया और विज्ञापन में स्पष्ट लिखा कि उन्हें ट्यूटर पढ़ाने के लिए नहीं, बल्कि बच्चों को बढ़ाने और विकसित करने के लिए चाहिए। उन्होंने अनेक उम्मीदवारों का इंटरव्यू लिया और अंत में महेंद्र भाई व्यास नामक एक व्यक्ति को चुना। ये शिक्षक शाम को आते और बच्चों के साथ रहकर ऐसी गतिविधियों में व्यस्त रहते, जिनके माध्यम से बच्चों का मानसिक विकास हो सके। इन गतिविधियों में खेल खेलना, बातचीत करना, कहानियाँ सुनाना और ऐसे ही बाल उपयोगी कामकाज शामिल होते थे। मुकेश स्मरण करते हुए कहते हैं कि उनके शिक्षक ने उनके विकास में वास्तव में बहुत बड़ा योगदान किया। धीरूभाई बच्चों के स्कूल कभी नहीं गए। पढ़ाई का काम उन्होंने बच्चों पर छोड़ दिया। उन्होंने उन्हें अपना विषय खुद चुनने की आजादी दी। उन्हें उसी स्कूल में दाखिल किया, जिनमें उनके बच्चे चाहते थे। यही कारण था, मुकेश ने केमिकल इंजीनियरिंग में डिग्री ली।

> *मुकेश स्मरण करते हुए कहते हैं कि उनके शिक्षक ने उनके विकास में वास्तव में बहुत बड़ा योगदान किया। धीरूभाई बच्चों के स्कूल कभी नहीं गए। पढ़ाई का काम उन्होंने बच्चों पर छोड़ दिया। उन्होंने उन्हें अपना विषय खुद चुनने की आजादी दी। उन्हें उसी स्कूल में दाखिल किया, जिनमें उनके बच्चे चाहते थे।*

रविवार के दिन धीरूभाई घर में रहते थे और बच्चों के लिए रविवार का कार्यक्रम तय करते थे। यह प्लान शिक्षा या खाने-पीने का नहीं, बल्कि घर के बाहर जाने का होता था। मुकेश बच्चों में प्रकृति और वन्य जीवन के प्रति प्रेम और लगाव के लिए अपने पिता का आभार मानते हैं। मुकेश बताते हैं कि उनके पिता रविवार के दिन उन्हें वन्य क्षेत्रों में ले जाते थे, जंगल, घाटियों में पैदल सफर कराते थे और यदि नदी मिल जाती तो वहाँ खुद भी बच्चों के साथ स्नान करते थे। उनके इस पहलू ने उनके बच्चों के व्यक्तित्व में निखार ला दिया।

अनिल ने इस अवसर पर याद करते हुए एक दिलचस्प वृत्तांत सुनाया, जिसे वीर सांघवी ने 'रिडिफ डॉट कॉम' के लिए अनिल अंबानी से इंटरव्यू में लिखा था। सांघवी ने वृत्तांत को इन शब्दों में वर्णित किया, "जहाँ तक मुझे याद है, यह 1970 की गरमियों की बात है। धीरूभाई ने हम दोनों भाइयों से कहा, देखो यह आम का मौसम है और मैं जानता हूँ कि तुम लोग आम को कितना पसंद करते हो और तुम्हें आमों की एक पूरी पेटी मिल सकती है, बशर्ते तुम दोनों बंबई से गोवा जानेवाले स्टीमर के 'लोअर डेक' में सफर करो। और आप जानते ही हैं कि हमारी चाहत आम की पेटी थी, गोवा की सैर नहीं।" अनिल बात को आगे बढ़ाते हुए कहते हैं कि वे चाहते तो वे उन्हें हवाई जहाज से गोवा भेज सकते थे, लेकिन वे चाहते थे कि हमें स्टीमर के 'लोअर डेक' की परेशानियों का अनुभव हो, क्योंकि उसमें रिजर्वेशन नहीं होता। साधारण यात्रियों की सामान्य परेशानियाँ होती हैं, जिनका अनुभव हमें जीवन में और कहीं नहीं मिल सकता था।

धीरूभाई बच्चों में जीवन के मूल्यों को आत्मसात् करने के बारे में बहुत उत्सुक रहते थे। जब बच्चे बड़े होकर उच्च अध्ययन के लिए विदेशों में जाने लगे तो उनकी माता चिंतित थीं कि उनके बेटों को शाकाहारी खाना कहाँ मिलेगा! लेकिन धीरूभाई उन्हें इन कठिनाइयों का अनुभव देना चाहते थे।

धीरूभाई बच्चों में जीवन के मूल्यों को आत्मसात् करने के बारे में बहुत उत्सुक रहते थे। जब बच्चे बड़े होकर उच्च अध्ययन के लिए विदेशों में जाने लगे तो उनकी माता चिंतित थीं कि उनके बेटों को शाकाहारी खाना कहाँ मिलेगा! लेकिन धीरूभाई उन्हें इन कठिनाइयों का अनुभव देना चाहते थे। उन्होंने कभी रोक-टोक नहीं की। माँ कहतीं कि बच्चे भूखे मर जाएँगे। धीरूभाई कहते थे कि बच्चे कैंपस में रहकर अपने अनुभवों से बहुत कुछ सीख जाएँगे और इस प्रकार उनके व्यक्तित्व का विकास होगा। वे वहाँ जो सीखेंगे, वह उनके जीवनकाल में बहुमूल्य धरोहर की तरह रहेगा। उनके व्यक्तित्व को

नया आयाम देगा। उनका कहना था कि अनुभव को पैसों से नहीं तौला जा सकता। अनिल याद करते हुए कहते हैं कि वहाँ की परिस्थितियों ने सबकुछ सिखा दिया। उन्हें खाना बनाना आ गया। अपने कपड़ों पर प्रेस करना आ गया। अपना टॉयलेट साफ करना और न जाने कितना अनुभव उन्हें वहाँ मिला जिन्हें याद करने के लिए अलग से बैठना पड़ेगा, लेकिन इसका फल यह मिला कि हममें ऐसा आत्मविश्वास पैदा हुआ, जिसने हमारे जीवन को सँवार दिया।

अनिल अंबानी याद करते हुए कहते हैं कि उनके पिता हमेशा बहुत व्यस्त रहते थे। वे शायद ही कभी बच्चों की पढ़ाई-लिखाई देखते थे। बच्चों की पढ़ाई का जिम्मा माँ पर था, जो स्वयं हाई स्कूल पास थीं और नहीं समझ पाती थीं कि बच्चे क्या पढ़ रहे हैं? अनिल ने कई बार अपने पिता से पूछा भी था कि वे अपने जीवन में क्या कमी पाते हैं?

अनिल अंबानी अपनी माँ के बारे में वृत्तांत याद करते हुए कहते हैं, "मेरी माँ बहुत सीधी-सादी, जमीन में जुड़ी हुई महिला थीं। मेरे नाना पोस्टमैन थे, जो बाद में चलकर गुजरात के जामनगर पोस्ट ऑफिस के इंचार्ज बने। तो मेरी माँ की पृष्ठभूमि यह थी।"

अनिल अंबानी याद करते हुए कहते हैं कि उनके पिता हमेशा बहुत व्यस्त रहते थे। वे शायद ही कभी बच्चों की पढ़ाई-लिखाई देखते थे। बच्चों की पढ़ाई का जिम्मा माँ पर था, जो स्वयं हाई स्कूल पास थीं और नहीं समझ पाती थीं कि बच्चे क्या पढ़ रहे हैं? अनिल ने कई बार अपने पिता से पूछा भी था कि वे अपने जीवन में क्या कमी पाते हैं? वह क्या चीज थी, जो वे चाहते थे और नहीं कर पाए? धीरूभाई ने बताया था कि वे पढ़ना चाहते थे, पर पढ़ नहीं पाए, क्योंकि उनके पास पढ़ाई के साधन नहीं थे और इसीलिए वे कभी भी नहीं चाहते थे कि उनके बच्चों को शिक्षा का अभाव झेलना पड़े।

'रिडिफ.कॉम' ने उनके इस अनुभव को इन शब्दों में वर्णित किया है, "मेरे पिता ने इस विषय को बड़े सामान्य रूप से लेते हुए कहा था "मैं समझता

हूँ कि हम लोग तुम्हारे जीवन में मूल्यों के आविर्भाव के लिए तुम्हें एक आदर्श जीवन शैली देना चाहते हैं। तुम्हारा मस्तिष्क तेज है। तुम पढ़ाई में मेहनत करो। तुम्हें आर्थिक अभाव नहीं है, जैसे मुझे तब था, जब मैं पढ़ना चाहता था। तुम्हारे लिए कोई ऐसी समस्या नहीं है। इसलिए अपने लिए अच्छे-से-अच्छे स्कूल, कॉलेज, यूनिवर्सिटी को चुनो जिसमें तुम जाना चाहते हो।"

धीरूभाई जीवन के विभिन फलकों को पहचान चुके थे। उन्हें मालूम था कि जीवन में काम करने का फलक कौन सा है। उनके हिसाब से युवावस्था का प्रत्येक दिन मूल्यवान् होता है। अनिल अंबानी एक वृत्तांत को याद करते हुए कहते हैं, "मैंने 'वारटन' में मास्टर्स का दो वर्ष का कोर्स 14 महीनों में ही पूरा कर लिया था। मैं अपनी योग्यता पर खुश था और इसी खुशी को लेकर विमान से घर वापस आया था। मुझे यकीन था कि मेरे पिता मेरी इस अपूर्व सफलता पर खुश होंगे। शाबाशी देंगे। और मैं भी एक छोटा सा ब्रेक चाहता था। लेकिन जब मेरे पिता को पता लगा तो उन्होंने किसी प्रकार के ब्रेक की अनुमति नहीं दी और छूटते ही कहा, बिल्कुल नहीं। कोई छुट्टी या अवकाश नहीं। तुम आज शाम को ही अहमदाबाद जा रहे हो, जहाँ तुम्हें कुछ वर्षों के लिए हमारे कपड़ा उद्योग में काम करना है।" जब अनिल ने झुंझलाकर थोड़े दिनों के ब्रेक के लिए कहा तो उनका जवाब था, "भविष्य में तुम्हें छुट्टी मनाने के लिए पर्याप्त समय मिलेगा। यह समय काम करने का है।" उसके बाद किसी तर्क की गुंजाइश नहीं थी। अनिल को अहमदाबाद की शाम की फ्लाइट पकड़नी पड़ी, जहाँ उन्हें पाँच-छह वर्ष रहना पड़ा और सप्ताह के पाँच दिन काम करना पड़ा।

मैंने 'वारटन' में मास्टर्स का दो वर्ष का कोर्स 14 महीनों में ही पूरा कर लिया था। मैं अपनी योग्यता पर खुश था और इसी खुशी को लेकर विमान से घर वापस आया था। मुझे यकीन था कि मेरे पिता मेरी इस अपूर्व सफलता पर खुश होंगे। शाबाशी देंगे। और मैं भी एक छोटा सा ब्रेक चाहता था।

धीरूभाई का होनहार युवकों को उत्साहित करने का एक संदेश था। उनका कहना था कि 'शॉप फ्लोर' में मजदूरों के साथ काम करते हुए ऊपर की ओर बढ़ना एक सफल उद्यमी के लिए सही मार्ग है। लेकिन वे युवा एम.बी.ए. स्नातकों के व्यवहार की आलोचना करते थे। उनकी नजर में एम.बी.ए. अपने को सबकुछ समझ लेते हैं। एम.बी.ए. की डिग्री पॉकेट में रखकर वे अनुभवी कर्मचारियों को हीन समझा करते हैं। यह विवाद आगे चलकर मुकेश और अनिल अंबानी के लिए कठिन समस्या के रूप में प्रस्तुत हुआ, जब धीरूभाई को पक्षाघात का दौरा पड़ा और उनके स्थान पर दोनों भाइयों को प्रतिष्ठान की जिम्मेदारी सँभालनी पड़ी।

दूसरों से आप सम्मान कैसे प्राप्त करें, इसके लिए धीरूभाई के पास स्पष्ट फॉर्मूला था। उनके हिसाब से बॉस दो प्रकार के होते हैं, एक वे, जो सम्मान प्राप्त करने का अधिकार माँगते हैं। दूसरे वे, जो सम्मान खुद अर्जित करते हैं। उन्होंने अपने बच्चों को सम्मान अर्जित करने या सम्मान माँगने में से किसी एक को चुनने और उसके लिए योग्यता हासिल करने की शिक्षा दी। उनका कहना था "यदि तुम कमांडिंग 'मोड' पर हो, तो लोग, तुम जो हो और जैसे हो, वे तुम्हारा सम्मान करेंगे और यदि तुम डिमांडिंग 'मोड' पर नहीं हो तो लोग तुम्हें सम्मान नहीं देंगे, बल्कि तुम्हारी पीठ पीछे तुम्हारे बारे में सभी प्रकार की बातें करेंगे।"

□

वैसा बेटा…

अपने पिता के कदमों पर चलकर मुकेश अंबानी ने दिखा दिया है कि वे धीरूभाई के सही उत्तराधिकारी हैं। मुकेश ने न केवल अपनी विरासत को बनाए रखा है, बल्कि उसके गौरव में चार चाँद लगाकर रिलायंस को विश्व पटल पर चमकता सितारा बना दिया है। मुकेश को विश्वास है कि भारत में अंततः आर्थिक वास्तविकता पदार्पण कर चुकी है और भारत का भविष्य केवल आर्थिक ताकत बनकर ही उज्ज्वल हो सकता है। यदि भारत विश्व में अपना वर्चस्व स्थापित करना चाहता है तो वह आर्थिक शक्ति के बल पर ही संभव है और यह शक्ति केवल जनता-जनार्दन से ही प्राप्त की जा सकती है, जो आर्थिक वास्तविकता की दौड़ में सफल हो सकती है और यही वह महान् लक्ष्य है, जिसके लिए भारत को अब कमर कस लेनी चाहिए। मुकेश जब अपनी आर्थिक वास्तविकता के लक्ष्य के बारे में चर्चा करते हैं तो उन करोड़ों भारतीयों को नजरअंदाज नहीं करते, जिन पर भारत की सफलता का दारोमदार टिका हुआ है, क्योंकि उनके अनुसार भारत तभी तरक्की कर सकता है, जब जनता की आर्थिक स्थिति, उसका भविष्य, उनके चहुँमुखी प्रगति के अवसर सही रास्ते पर नहीं आ जाते। जब तक भारत के सामान्य नागरिक का कल्याण नहीं होगा, वह उन्नति नहीं कर सकता। भारत की प्रगति, उसका विकास और खुशहाली तभी संभव हो सकती है जब उसके नागरिकों का विकास होगा, दरअसल, एक सामान्य नागरिक गाड़ी का केंद्रबिंदु है, वही उसका इंजन है, जो अपनी आर्थिक शक्ति से अर्थतंत्र को

चलायमान करता है और देश की खुशहाली उसकी व्यक्तिगत खुशहाली के बिना संभव नहीं हो सकती।

मुकेश अंबानी का जन्म 19 अप्रैल, 1957 को अदन में हुआ था। तब अदन ब्रिटेन की एक कॉलोनी थी, अब यमन का भाग है, जहाँ उनके पिता ने अपनी जीविका शुरू की थी। उनके पिता विख्यात उद्योगपति धीरूभाई अंबानी और माता कोकिला बेन अंबानी हैं। मुकेश की आयु अभी एक वर्ष की भी नहीं हुई थी, जब उनके पिता ने भारत लौटने और यहाँ आकर उद्योग स्थापित करने का निर्णय किया। मुकेश के एक छोटे भाई अनिल अंबानी हैं और दो बहनें नीना भाद्रश्यम तथा दीप्ति दत्ताराज सालगाओकर हैं।

भारत लौटने पर उनके पिता ने मसालों और कपड़े का व्यापार शुरू किया, लेकिन कपड़े के उद्योग पर उन्होंने अधिक ध्यान दिया और उद्योग का नाम 'विमल' रख दिया, जो उनके भतीजे का नाम था। बाद में उन्होंने उसे बदलकर 'ओनली विमल' कर दिया। यह उनके उद्योग की शुरुआत थी।

भारत लौटने पर उनके पिता ने मसालों और कपड़े का व्यापार शुरू किया, लेकिन कपड़े के उद्योग पर उन्होंने अधिक ध्यान दिया और उद्योग का नाम 'विमल' रख दिया, जो उनके भतीजे का नाम था। बाद में उन्होंने उसे बदलकर 'ओनली विमल' कर दिया। यह उनके उद्योग की शुरुआत थी। तब पूरा परिवार एक चॉल में रहता था, जो एक सामुदायिक कॉलोनी थी, जिसके बाद परिवार मुंबई के भूलेश्वर में दो कमरों के अपार्टमेंट में चला गया। सन् 1970 तक परिवार वहीं रहा। उद्योग धीरे-धीरे स्थायी रूप में आ रहा था और भविष्य उज्ज्वल होता जा रहा था। उनके पिता सार्वजनिक साधनों से आना-जाना करते थे। एक छोटा सा ऑफिस था। उसमें नाममात्र का फर्नीचर था।

जैसे-जैसे परिवार की आर्थिक स्थिति में इजाफा होता गया, वैसे-वैसे धीरूभाई का ध्यान अपने बच्चों की शिक्षा पर बढ़ता गया। मुकेश ने पेडर रोड स्थित 'हिल गैरेज हाई स्कूल' में दाखिला लिया। उनके साथ उनके भाई

अनिल अंबानी और आनंद जैन भी उसी स्कूल में दाखिल हुए। आनंद जैन बाद में चलकर मुकेश के नजदीकी साथी बने। यहाँ से सैकेंडरी परीक्षा पास करके वे 'सेंट जेवियर्स कॉलेज' चले गए, जहाँ से पढ़कर उन्होंने 'इंडियन इंस्टीट्यूट ऑफ केमिकल टेक्नोलॉजी' से केमिकल इंजीनियरिंग में बी.ई. की डिग्री हासिल की। इस पढ़ाई के बाद मुकेश को बड़े अच्छे से समझ में आ गया कि उनके पिता के पोलियस्टर व्यापार को कैसे एक विशाल उद्योग में तब्दील किया जा सकता है। उस समय उनके पिता का व्यापार छोटा था, लेकिन बढ़ने की राह पर चल निकला था।

मुकेश कहते हैं कि उनकी परवरिश ने उनके जीवन को बहुत प्रभावित किया है। उनका कहना है कि अपने बचपन में जो व्यवहार और अभिलाषाएँ उन्होंने पाली थीं, वे आज तक ज्यों-की-त्यों बरकरार हैं और वर्षों बाद जब वे अपने बच्चों को परवरिश दे रहे थे तो वे सोचा करते थे कि उनको पिता के लिए वह समय कितना कठिन रहा होगा, जब वे अपने बच्चों को परवरिश दे रहे थे; क्योंकि मुकेश को पिता के रूप में महसूस हुआ था कि बच्चों में जीवन के मूल्यों को स्थापित करना कितना मुश्किल काम होता है।

मुकेश स्वीकार करते हैं कि परिवार में सबसे बड़े बेटे होने के फायदे होते हैं, यद्यपि माता-पिता की ओर से ऐसी कोई वरीयता नहीं थी। उनके लिए सभी बच्चे बराबर थे। वे अपने बचपन को याद करते हुए कहते हैं कि सभी बच्चों के लिए परिवार ने सीमित दायरे बना दिए थे, जिनका पता तब लगता था, जब कोई ऐसी घटना घटती थी, जिसमें छोटे-बड़े का सवाल उठता था।

मुकेश स्वीकार करते हैं कि परिवार में सबसे बड़े बेटे होने के फायदे होते हैं, यद्यपि माता-पिता की ओर से ऐसी कोई वरीयता नहीं थी। उनके लिए सभी बच्चे बराबर थे। वे अपने बचपन को याद करते हुए कहते हैं कि सभी बच्चों के लिए परिवार ने सीमित दायरे बना दिए थे, जिनका पता तब लगता

था, जब कोई ऐसी घटना घटती थी, जिसमें छोटे-बड़े का सवाल उठता था। लेकिन बच्चों के ये दायरे कठोर सीमाएँ नहीं होती थीं। उनका उद्देश्य मात्र यह रहता था कि परिवार का रोजमर्रा का जीवन सामान्य गति से चलता रहे। मुकेश यह भी स्वीकार करते हैं कि वे अपने बच्चों—इशा, आकाश और अनंत के जीवन में ज्यादा दखल करते हैं जितना उसके पिता उनके जीवन में नहीं करते थे। इसके लिए सफाई देते हुए मुकेश कहते हैं कि वे अपने बच्चों के विकास में संभवतः अपने पिता से ज्यादा उत्सुक रहते हैं।

बालक का विकास तेजी से तब होता है, जब उसे एक सीमा तक स्वच्छंद रहने का वातावरण मिलता है और यही संभवतः मुकेश को अपने बाल्यकाल में मिला भी था। उन्हें स्मरण है कि उनके पिता ने कभी उनके स्कूल जाकर पूछताछ नहीं की, लेकिन यह भी उतना ही सच है कि वे उनके चहुँमुखी विकास के प्रति बहुत संजीदा थे और इसके लिए वे नित नए प्रयोग करते थे।

बालक का विकास तेजी से तब होता है, जब उसे एक सीमा तक स्वच्छंद रहने का वातावरण मिलता है और यही संभवतः मुकेश को अपने बाल्यकाल में मिला भी था। उन्हें स्मरण है कि उनके पिता ने कभी उनके स्कूल जाकर पूछताछ नहीं की, लेकिन यह भी उतना ही सच है कि वे उनके चहुँमुखी विकास के प्रति बहुत संजीदा थे और इसके लिए वे नित नए प्रयोग करते थे। जैसे कि उन्होंने बच्चों के लिए एक 'होम ट्यूटर' (घरेलू शिक्षक) बहाल किया था और इसको चुनने के लिए उन्होंने अनेक उम्मीदवारों का इंटरव्यू किया और अंततः एक शिक्षक महेंद्र व्यास को चुना और मजे की बात यह थी कि इन शिक्षक को बच्चों को पढ़ाना या उन्हें शिक्षा में सहायता करना नहीं था, बल्कि उनकी जिम्मेदारी किसी भी सूरत में शिक्षा से जुड़ी थी ही नहीं। यह शिक्षक शाम को आया करते थे और बच्चों के साथ सात, साढ़े सात बजे तक रहते थे। उनका काम यह देखना था कि बच्चे कैसे विकसित हों? वे बच्चों

को कहानियाँ सुनाते थे। उनके साथ खेलते थे। उनके सामान्य ज्ञान को बढ़ाते थे और अपने विचारों को बताते थे कि जीवन का कामकाज कैसे चलता है!

मुकेश यह भी याद करते हैं कि उनका बाल्यकाल कैसे गुजरा? कौन-कौन से खेल खेलते थे कौन सा मैच देखते थे, बसों में, ट्रेनों में सफर करते थे और बंबई के विभिन्न इलाकों में जाकर जीवन को नजदीक से पहचानने की कोशिश करते थे। कभी-कभी या कहिए साल में एक या दो बार दूर-दराज के गाँवों में जाकर 'कैंपिंग' करते थे। दस-पंद्रह दिन वहाँ रहकर ग्रामीण अंचल के जीवन को नजदीक से देखते थे। ऐसी गतिविधियों ने हमारे जीवन में एक नए आयामों को जोड़ा और हमें एक दूरदृष्टि प्रदान की।

> ***मुकेश यह भी याद करते हैं कि उनका बाल्यकाल कैसे गुजरा? कौन-कौन से खेल खेलते थे कौन सा मैच देखते थे, बसों में, ट्रेनों में सफर करते थे और बंबई के विभिन्न इलाकों में जाकर जीवन को नजदीक से पहचानने की कोशिश करते थे।***

शायद धीरूभाई का यही अनूठा तरीका था, जो बच्चों के लिए समय न निकाल पाने की एवज में वे अपनाते रहे थे। इस प्रयोग ने बच्चों को जीवन के विभिन्न पहलुओं से आत्मसात् कराया, जो सामान्य जीवन में संभव नहीं था। यदि बच्चे वन्यजीवन में या कला अथवा संस्कृति में रुचि लेने लगे तो उसकी पृष्ठभूमि में इस प्रकार की परवरिश का बड़ा हाथ होता है और आश्चर्य की बात यह है कि बालक कभी समझ ही नहीं पाता कि उसकी रुचि की बुनियाद क्या थी? सबकुछ सामान्य लगता है।

मुकेश याद करते हैं कि उनके पिता में उद्योग के प्रति एक प्रकार की दीवानगी थी। उनकी उद्यम के प्रति ललक के बारे में उनके पिता ने उन्हें बहुत पहले से ही बताना शुरू कर दिया था। यही कारण था कि स्कूल के समय से ही मुकेश ने कार्यालय जाना शुरू कर दिया था। वे स्वीकार करते हैं कि उन्हें व्यापार संबंधी अधिकांश शिक्षा महेंद्र भाई से मिली, जिसमें उनके पिता का हस्तक्षेप न के बराबर था। मुकेश स्वीकार करते हैं कि इन सभी गुणों और

मूल्यों का प्रभाव हम सब भाई-बहनों पर पड़ा है और शायद यही दायरा उन्हें एकता और अपनेपन का अहसास कराता है।

जब मुकेश ने केमिकल इंजीनियरिंग का चुनाव किया, तो लोगों को आश्चर्य हुआ, क्योंकि उस समय 'विमल' एक सफल 'ब्रांड' बन चुका था और सभी लोग आशा करते थे कि वे 'टेक्सटाइल इंजीनियरिंग' में दाखिला लेंगे। मुकेश आई.आई.टी. कानपुर की स्नातक पूर्व डिग्री के लिए चुने जा चुके थे, लेकिन इसके कुछ ही दिन बाद जब इंटर साइंस रिजल्ट प्रकाशित हुआ तो मुकेश ने यूनिवर्सिटी के केमिकल डिपार्टमेंट ऑफ केमिकल टेक्नोलॉजी, (यू.डी.सी.टी.) में अपनों मित्रों सहित दाखिला ले लिया। मुकेश कहते हैं कि उन्होंने केमिकल इंजीनियरिंग इसलिए चुना, क्योंकि वे इसमें रिलायंस का भविष्य देखते थे। मुकेश ने एक साक्षात्कार में हँसते हुए कहा था, 'भविष्य का मार्ग मैंने अपने जमाने की प्रसिद्ध अंग्रेजी फिल्म 'दि ग्रेजुएट' से सीखा : 'प्लास्टिक में उज्ज्वल भविष्य छिपा हुआ है', फिल्म की पंक्ति ने शायद मेरे मस्तिष्क पर गहरी छाप छोड़ी थी।" बाद में गंभीर होकर उन्होंने कहा कि यह उनके पिता के बनाए गए सिद्धांतों के अनकूल भी था। उनका कहना था, 'हमेशा अपनी पूँजी और योग्यता को अपने कारोबार के भविष्य में लगाओ।' मुझे गर्व है कि मैं इन सिद्धांतों पर आज भी चल रहा हूँ। अपनी कॉलेज की पढ़ाई के दौरान भी मुकेश लगभग पूरा समय रिलायंस में लगाते थे। उनका कॉलेज दोपहर ढाई बजे समाप्त हो जाता था। कॉलेज से सीधे वे रिलायंस के दफ्तर पहुँच जाते और जितना हो सकता; वे अपने पिता को सहयोग दिया करते थे। एक बार जब उनके पिता अमेरिका गए हुए थे तो एक सरकारी एजेंसी ने छापा मारा और जरा सोचिए कि ऐसी

जब मुकेश ने केमिकल इंजीनियरिंग का चुनाव किया, तो लोगों को आश्चर्य हुआ, क्योंकि उस समय 'विमल' एक सफल 'ब्रांड' बन चुका था और सभी लोग आशा करते थे कि वे 'टेक्सटाइल इंजीनियरिंग' में दाखिला लेंगे।

दशा में एक सत्रह वर्षीय किशोर ने कैसे अकेले स्थिति को सँभाला होगा! इंजीनियरिंग डिग्री प्राप्त करने के बाद मुकेश ने भी अपने दोस्तों के साथ अनेक प्रतियोगिताओं में भाग लिया, जैसे कि पढ़ाई के बाद आमतौर पर युवक किया करते हैं। वे सिविल सर्विस की प्रतियेगिता में भी बैठे, यह देखने के लिए कि क्या वे भी 'मेरिट लिस्ट' में आ सकते हैं? और तब उनका ध्यान दूसरी ओर गया, उन्होंने उच्च अध्ययन के लिए अनेक प्रसिद्ध बिजनेस स्कूलों में दाखिले के लिए अपना आवेदन भेजना शुरू किया और भाग्य से उन्हें दुनिया में मशहूर दो-तीन बिजनेस स्कूलों में दाखिला भी मिल गया। उन्होंने विलंब नहीं किया और 'स्टेनफोर्ड बिजनेस स्कूल' में एम.बी.ए. डिग्री के लिए दाखिला ले लिया।

मुकेश पढ़ाई करने के लिए पानी के जहाज से विदेश चले गए, लेकिन उनके पिता का मानना था कि जीवन की वास्तविक दक्षता जीवन के कठोर संघर्ष और अनुभव से प्राप्त होती है। यह क्लास में बैठकर पढ़ाई करने से नहीं प्राप्त हो सकती। उन्होंने मुकेश से लौट आने और उनके साथ काम करने के लिए कहा।

मुकेश पढ़ाई करने के लिए पानी के जहाज से विदेश चले गए, लेकिन उनके पिता का मानना था कि जीवन की वास्तविक दक्षता जीवन के कठोर संघर्ष और अनुभव से प्राप्त होती है। यह क्लास में बैठकर पढ़ाई करने से नहीं प्राप्त हो सकती। उन्होंने मुकेश से लौट आने और उनके साथ काम करने के लिए कहा। मुकेश अपनी पढ़ाई बीच में छोड़कर वापस स्वदेश आ गए। रिलायंस को तब तक उद्योग शुरू करने का लाइसेंस मिल गया था और उनके पिता चाहते थे कि मुकेश तुरंत वापस लौट आएँ। यद्यपि मुकेश चाहते थे कि वे स्टेनफोर्ड से डिग्री की पढ़ाई पूरी करें और 'वर्ल्ड बैंक' का 'यंग प्रोफेशनल कोर्स (वाई.पी.पी.) भी पूरा करके लौटें, जो उन दिनों बहुत प्रतिष्ठित माना जाता था; किंतु धीरूभाई अपने बड़े बेटे को तुरंत व्यापार में लगाना चाहते थे। मुकेश ने यह भी सुझाव दिया कि वे 'पोलियस्टर' प्लांट

एक-डेढ़ साल बाद भी शुरू कर सकते हैं, किंतु धीरूभाई संयंत्र तुरंत शुरू कर देना चाहते थे। और इस प्रकार मुकेश को फौरन आना ही पड़ा। यह भी एक संयोग ही है, जैसा कि हाल ही के एक इंटरव्यू में मुकेश ने कहा भी कि आजकल के एम.बी.ए. केवल नाम के एम.बी.ए. हैं, जिन्हें उद्योग की वास्तविकता का ज्ञान नहीं है।

मुकेश के लौटने के बाद धीरूभाई ने उन्हें कंपनी में धागा उत्पादन प्रोजेक्ट में लगा दिया। मुकेश एक आज्ञाकारी पुत्र की तरह लौट आए और यह साबित भी कर दिया कि उनकी निष्ठा उनके पिता के आदेश के योग्य भी थी। उन्होंने इस अवसर पर उन शिक्षकों और गुरुओं को भी याद किया, जिनका उन पर बहुत प्रभाव पड़ा है। इनमें विशेषकर विलियम एफ. शार्य और मनमोहन शर्मा का नाम लेते हुए उन्होंने कहा कि वे इस प्रकार के शिक्षक थे, जो निर्धारित सीमाओं से बाहर जाकर उड़ान भरने का हौसला प्रदान करते हैं।

मुकेश के लौटने के बाद धीरूभाई ने उन्हें कंपनी में धागा उत्पादन प्रोजेक्ट में लगा दिया। मुकेश एक आज्ञाकारी पुत्र की तरह लौट आए और यह साबित भी कर दिया कि उनकी निष्ठा उनके पिता के आदेश के योग्य भी थी। उन्होंने इस अवसर पर उन शिक्षकों और गुरुओं को भी याद किया, जिनका उन पर बहुत प्रभाव पड़ा है।

1981 में जब वे लौटकर आए तो उन्हें रसिक भाई मेसवानी के नीचे काम शुरू करने के लिए कहा गया। लिहाजा, वे मुकेश के पहले 'बॉस' बने। मुकेश ने स्कूल में रहते हुए 'रिलायंस' में काम किया था और जान गए थे कि कंपनी में काम कैसे किया जाता है। रसिक भाई, विशेषकर खुले मैनेजमेंट से काम करते थे। अधिक बंधन का उपयोग नहीं करते थे। अधिकारी के कमरे में चले जाते और सभी 'मीटिंग्स' में हिस्सा भी लेते थे। लेकिन जहाँ तक मुकेश का प्रश्न था, उनका यह 'मैनेजमेंट' ज्यादा दिन नहीं चल पाया, क्योंकि उनके पिता चाहते थे कि उनका बेटा ऐसे 'बॉस' के अधीन काम करे, जहाँ वह

कंपनी के आचार-विचारों को समझे और उन्हें आत्मसात् करे।

और रसिक भाई की रहनुमाई में मुकेश ने यह सीखा कि 'जॉब वर्क' क्या होता है? इसके अलावा, वे कंपनी के संचालन की विभिन्न प्रक्रियाओं को भी देखते थे।

इनमें पोलियस्टर धागे का आयात, उसका कपड़े में प्रयोग के बाद उस कपड़े को टेक्सटाइल मिलों तक पहुँचने जैसे काम शामिल थे। यह व्यापार अहमदाबाद के नरोड़ा स्थित टेक्सटाइल मिल्स से बिल्कुल अलग था। केमिकल इंजीनियरिंग और प्रबंधन की शिक्षा ने मुकेश को व्यवसाय को सुधारने में बहुत सहयोग दिया। उन्होंने कंपनी में रिपोर्टिंग के ढाँचे की व्यवस्था में परिवर्तन लाकर उसके क्षेत्र को विस्तृत किया और कर्मचारियों को प्रोत्साहित करने के लिए नए सुझावों को लागू किया। इन क्षेत्रों में नए सुधार लाने में उन्होंने महसूस किया कि वे अपने पिता और रसिक भाई से बहुत पीछे हैं। इन दो महानुभावों की छत्रच्छाया में उन्होंने बहुत कुछ सीखा था और इसके लिए वे उनके कृतज्ञ भी हैं। उन्होंने एक बार बताया था कि उनके कामकाज का तरीका भागीदारी जैसा था। वे यह भी महसूस करते हैं कि उन दोनों के निर्देशन में उन्होंने जो सीखा, वह जीवनभर अनमोल रहा है। वे चाहते हैं कि युवा उद्योगियों को शुरू के वर्षों में अपने उद्योग के बारे में उनकी तरह सबकुछ सीख लेना चाहिए। वे समझते हैं कि युवा पीढ़ी को नए विचार प्रस्तुत करने के लिए प्रोत्साहित किया जाना चाहिए। उनके द्वारा दिए गए विचारों को अस्वीकार नहीं करना चाहिए।

इनमें पोलियस्टर धागे का आयात, उसका कपड़े में प्रयोग के बाद उस कपड़े को टेक्सटाइल मिलों तक पहुँचने जैसे काम शामिल थे। यह व्यापार अहमदाबाद के नरोड़ा स्थित टेक्सटाइल मिल्स से बिल्कुल अलग था। केमिकल इंजीनियरिंग और प्रबंधन की शिक्षा ने मुकेश को व्यवसाय को सुधारने में बहुत सहयोग दिया।

यह कॉलेज के दिन ही होते हैं, जब युवकों में नई-नई आदतें पड़ती हैं। यही समय था, जब उन्हें दक्षिण भारतीय व्यंजनों का चस्का पड़ा। उन्हें दक्षिण भारतीय खाने में विशेष रूप से इडली और सांभर बहुत पसंद आया। वे अब भी मुंबई के सबसे पुराने, मध्य मुंबई में स्थित, 'मैसूर कैफे' में अकसर इडली, सांभर-डोसा खाने जाया करते हैं। उन्हें बाजरे की रोटी भी पसंद है। उनकी पत्नी नीता कहती हैं कि मुकेश की सबसे बड़ी खूबी यह है कि वे बहुत सादा जीवन पसंद करते हैं और उनकी दृष्टि केवल रिलायंस पर नहीं, बल्कि पूरे देश पर रहती है। वे जन्मजात आशावादी हैं। वे शाकाहारी हैं और किसी प्रकार के नशे का उन्हें शौक नहीं है। वे हमेशा अपने स्वास्थ्य पर ध्यान देते हैं और इसके लिए वे योग को एक शक्तिशाली माध्यम मानते हैं। एक बार उन्होंने कहा था कि योग एक स्थायी प्रकाश है, जो यदि एक बार प्रज्वलित हो जाए तो उसकी आभा और गौरव कभी अस्त नहीं होता। वे बुलंदी के उस स्तर पर पहुँच चुके हैं कि अकसर उन्हें मुश्किल दौरों से गुजरना पड़ता है। ऐसे अवसरों पर योग का माध्यम उन्हें उस दौर को पार करने की क्षमता प्रदान करता है। उनके मानसिक संतुलन को बनाए रखता है। इससे उन्हें अपने बनाए हुए लक्ष्यों को प्राप्त करने के मार्ग को पटरी पर लाने में सहायता मिलती है। वे हमेशा अपने चारों ओर हो रहे विकास की जानकारी रखते हैं। तकनीकी क्षेत्र में हो रहे नए आविष्कारों से परिचित रहते हैं। यही नहीं, वे स्पोर्ट्स में, मनोरंजन में और उद्योग-व्यापार में सभी तरह के समाचारों का ज्ञान रखना चाहते हैं।

यह कॉलेज के दिन ही होते हैं, जब युवकों में नई-नई आदतें पड़ती हैं। यही समय था, जब उन्हें दक्षिण भारतीय व्यंजनों का चस्का पड़ा। उन्हें दक्षिण भारतीय खाने में विशेष रूप से इडली और सांभर बहुत पसंद आया। वे अब भी मुंबई के सबसे पुराने, मध्य मुंबई में स्थित, 'मैसूर कैफे' में अकसर इडली, सांभर-डोसा खाने जाया करते हैं।

सन् 1981 तक मुकेश अपने पारिवारिक व्यवसाय में पूर्णरूप से लग गए। रिलायंस उद्योग ने तब तक रिफाइनरी और पेट्रोकेमिकल्स के क्षेत्र में पदार्पण कर लिया था। पेट्रोकेमिकल्स, विशेष रूप से पोलियस्टर के उत्पादन में कच्चे माल के एक स्रोत के रूप में शुरू किया गया था। इसके अलावा, रिलायंस ने रिटेल के लिए प्रोडक्ट्स उत्पादन और सर्विस के अलावा टेलीकम्युनिकेशंस के क्षेत्रों में भी पैर जमा लिये थे।

धीरूभाई के सान्निध्य में जैसे-जैसे मुकेश का अनुभव बढ़ता गया, वैसे-वैसे उनके पिता ने उन्हें स्वतंत्र रूप से निर्णय लेने की छूट देनी शुरू कर दी। उन्होंने मुकेश को रिस्क उठाने में भी आजाद छोड़ दिया। इन सब कदमों से मुकेश में आत्म विश्वास ने जड़ जमाना शुरू कर दिया। इस प्रकार एक सफल उद्योगपति के लिए आधार बनता गया, जिसके बल पर आज वे एक चमकता सितारा बन चुके हैं। यदि उनकी प्रगति का लेखा-जोखा तैयार किया जाए तो वह एक भारी पुलिंदा बन जाएगा, फिर भी ढेर सारी उपलब्धियाँ रह जाएँगी। उनकी प्रगति की सूई प्रति सप्ताह बदलती जा रही है। उनकी तरक्की के बारे में कोई भी वक्तव्य जब तक प्रकाशित होता है, तब तक आँकड़ों के अनुसार गलत हो जाता है, क्योंकि तब तक उनके नाम एक दूसरी उपलब्धि जुड़ जाती है। उदाहरण के लिए, यदि मैं लिखता हूँ कि अभी-अभी खबर आई है कि मुकेश अंबानी यूरोप के सबसे बड़े, फ्रांस के दौलतमंद बर्नर्ड आरनॉल्ट को पीछे छोड़ते हुए दुनिया के चौथे सबसे अमीर दौलतमंद बन गए हैं। उनकी संपत्ति अब तक 80.6 बिलियंस डॉलर हो चुकी है। जब तक मैं इस पुस्तक को समाप्त करूँगा, मुझे यकीन

सन् 1981 तक मुकेश अपने पारिवारिक व्यवसाय में पूर्णरूप से लग गए। रिलायंस उद्योग ने तब तक रिफाइनरी और पेट्रोकेमिकल्स के क्षेत्र में पदार्पण कर लिया था। पेट्रोकेमिकल्स, विशेष रूप से पोलियस्टर के उत्पादन में कच्चे माल के एक स्रोत के रूप में शुरू किया गया था।

है कि वे नई ऊँचाइयों को छूने लगेंगे; यद्यपि उन्हें गंतव्य तक पहुँचने के लिए अब कुछ ही सीढ़ियाँ रह गई हैं। तब कहीं जाकर वे स्वयं अपने आदर्शों को तय कर पाएँगे।

लाइसेंस राज

मुकेश ने जब परिवार के व्यापार में सक्रिय रूप से भाग लेना शुरू किया, उस समय देश में एक प्रकार से लाइसेंस राज था और इस राज ने उद्योगपतियों और व्यापारियों के सामने अनेक कठिनायाँ पैदा कर रखी थीं। 1947 में देश को जब आजादी मिली, तब देश में उद्योग या व्यापार नाम की कोई चीज नहीं थी।

मुकेश ने जब परिवार के व्यापार में सक्रिय रूप से भाग लेना शुरू किया, उस समय देश में एक प्रकार से लाइसेंस राज था और इस राज ने उद्योगपतियों और व्यापारियों के सामने अनेक कठिनायाँ पैदा कर रखी थीं। 1947 में देश को जब आजादी मिली, तब देश में उद्योग या व्यापार नाम की कोई चीज नहीं थी। देश में बेरोजगारी थी। व्यापार-उद्योग की कमी के कारण उन सभी सुविधाओं का अभाव था, जिनके आधार पर विकास का पहिया घूमता है। इसलिए पंचवर्षीय योजनाओं को शुरू किया गया। यहाँ यह नहीं भूलना चाहिए कि 1962 में चीन से हार का प्रमुख कारण सीमाओं पर मार्ग निर्माण करने का अभाव था। बेरोजगारी का मतलब था, लोगों के पास नौकरियाँ नहीं थीं। लिहाजा, उनके पास सामान खरीदने के साधन नहीं थे, जिसके परिणामस्वरूप देश का आर्थिक ढाँचा पनप नहीं पाया था। इन सब विषमताओं को दूर करने के लिए सरकार ने योजनाबद्ध आर्थिक विकास का काम हाथ में लिया। इस विचार का मूल मंत्र यह था कि सरकार को माल उत्पादन के क्षेत्र में पहल करनी चाहिए। इसलिए देश में सार्वजनिक उद्योगों की स्थापना हुई। जहाँ तक निजी क्षेत्र का प्रश्न था, यदि कोई व्यक्ति अपना उद्योग शुरू करना चाहे तो उसे अनेक सरकारी एजेसिंयों से, जिनकी

संख्या 80 के करीब थी, अनुमति लेनी पड़ती थी। इतनी सारी एजेंसियों से अनुमति लेने का मतलब समय और श्रम की बरबादी थी और आप जानते ही हैं कि सरकार में फाइलों की चाल क्या होती है! उन दिनों मजाक में कहा जाता था कि कोई भी कागज, यदि उस पर भार होगा तो तेज रफ्तार नहीं पकड़ सकता, लेकिन जब बात सरकारी फाइल की आती थी तो सबकुछ उलटा हो जाता है। जितना ज्यादा भार (रिश्वत) फाइल पर होगा, उसकी चाल उतनी ही तेज होगी। इस प्रकार, सारी प्रणाली में भ्रष्टाचार भरा पड़ा था। यह कहानी यहीं समाप्त नहीं होती। लाइसेंस प्राप्त कर लेने के बाद भी समस्या खत्म नहीं हो जाती थी, क्योंकि और भी कई लाइसेंस लेने होते थे। सरकार माल उत्पादन की संख्या, उसकी लागत और उसकी बिक्री का मूल्य तक नियमित करती थी। उद्योगपतियों के लिए ये सभी नियम बाधाएँ उत्पन्न करते थे, जिसके परिणामस्वरूप उनके उद्योग में शिथिलता के अतिरिक्त अनेक प्रकार की कमियाँ रह जाती थीं। उद्योगों में शुरू से अंत तक सरकारी हस्तक्षेप रहता था। यहाँ तक कि उनके प्रशासन में भी सरकारी दखल होता था। सरकार के पास शक्ति थी कि वह किसी भी कंपनी में कर्मचारियों को काम से छुट्टी करने अथवा तालाबंदी करने पर रोक लगा सकती थी। इसका साफतौर पर मतलब था कि उद्योगपति को घाटा होने पर भी उद्योग चलाना पड़ता था।

उद्योगपतियों के लिए ये सभी नियम बाधाएँ उत्पन्न करते थे, जिसके परिणामस्वरूप उनके उद्योग में शिथिलता के अतिरिक्त अनेक प्रकार की कमियाँ रह जाती थीं। उद्योगों में शुरू से अंत तक सरकारी हस्तक्षेप रहता था। यहाँ तक कि उनके प्रशासन में भी सरकारी दखल होता था।

लाइसेंस राज का विपरीत प्रभाव देश के आयात पर भी पड़ा। विदेशों से जो माल आयात किया जाता था, उस पर ऊँची दर पर टैक्स लगाए जाते थे और विदेशी कंपनियों को भारत में अपना माल बेचने के लिए लाइसेंस लेना पड़ता था। इसका नतीजा यह हुआ कि विदेशी माल का आना लगभग बंद

हो गया। इसका परिणाम, विदेशी माल की 'स्मगलिंग' शुरू हो गई। देश में चोरी-छिपे विदेशी माल आने लगा। यहाँ तक कि दैनिक जरूरतों का विदेशी माल खुले बाजार में बिकने लगा। मुझे याद है कि मेरे एक दोस्त ने अपने परिवार के लिए दो दर्जन टूथब्रश सिंगापुर से 'स्मगल' किए थे। स्थिति यह थी कि सरकारी धरपकड़ के बावजूद छोटे-मोटे व्यापारी सड़कों पर असली या नकली विदेशी वस्तुएँ बेचकर अपनी रोजी-रोटी कमाते थे।

सरकारी तंत्र में अंततः देश में सार्वजनिक प्रतिष्ठानों/उद्योगों की स्थापना की गई, जिनमें लोगों को नौकरियाँ मिलीं, ऐसी नौकरियाँ, जो पक्की थीं, जिन्हें निकाला नहीं जा सकता था। लेकिन नौकरी की इस सुरक्षा ने उनमें काम के प्रति निष्ठा समाप्त कर दी। अयोग्यता का बोलबाला हो गया। जब कभी उन पर काम पूरा करने के लिए दबाव डाला जाता तो वे हड़ताल की धमकी देते। कर्मचारियों में यूनियनों का वर्चस्व हो गया। परिणाम यह हुआ कि जिन उद्देश्यों को लेकर सार्वजनिक उद्योगों को स्थापित किया गया था, वे अधूरे रह गए और सार्वजनिक उद्योग सरकार के अर्थतंत्र के लिए 'सफेद हाथी' बनने लगे। कुछ ही उद्योग अपने लक्ष्य के अनुकूल उत्पादन के स्तर पर पहुँच पाए और सरकार को मुनाफा दे पाए। इसके बावजूद यह पाया गया कि वे अपनी निर्धारित उत्पादन क्षमता तक नहीं पहुँच पाए। ऐसी स्थिति में उनके विस्तार की बात बेमानी हो जाती है। सरकारी प्रतिष्ठानों का सपना जवाहर लाल नेहरू का था। डॉ. आंबेडकर और सी. राजगोपालाचारी ने इसका

सरकारी तंत्र में अंततः देश में सार्वजनिक प्रतिष्ठानों/उद्योगों की स्थापना की गई, जिनमें लोगों को नौकरियाँ मिलीं, ऐसी नौकरियाँ, जो पक्की थीं, जिन्हें निकाला नहीं जा सकता था। लेकिन नौकरी की इस सुरक्षा ने उनमें काम के प्रति निष्ठा समाप्त कर दी। अयोग्यता का बोलबाला हो गया। जब कभी उन पर काम पूरा करने के लिए दबाव डाला जाता तो वे हड़ताल की धमकी देते।

विरोध भी किया था। उनका कहना था कि देश की आर्थिक प्रगति को किसी सरकारी प्रणाली में उलझाने के बजाय स्वतंत्र छोड़ देना उचित होगा, ताकि वह देश की जनता की बदलती हुई माँगों के अनुरूप अपने को व्यवस्थित करते हुए आगे बढ़ती चली जाए। इसमें सरकार को अनावश्यक रूप से हस्तक्षेप नहीं करना चाहिए। स्वतंत्र पार्टी के संस्थापक सी. राजगोपालाचारी देश में उन्मुक्त अर्थतंत्र के समर्थक थे और भारत समाजवाद का मॉडल था, जिसे उन दिनों 'कोटा-परमिट लाइसेंस राज' कहा जाता था। भारत ने जिस अर्थतंत्र को चुना, वह उन्मुक्त अर्थतंत्र (जैसे कि अमेरिका में है) तथा बंद अर्थतंत्र (जैसे पहले सोवियत रूस में था तथा वर्तमान में चीन में है) के बीच के रास्ते पर आधारित समाजवादी प्रणाली थी, जिसकी उपलब्धियों को प्राप्त करने के लिए उपभोक्ता जिंसों की मात्रा और मूल्यों पर विभिन्न पाबंदियों की व्यवस्था थी। इस प्रणाली को 'मिक्सड इकोनॉमी' अर्थात् 'मिश्रित अर्थतंत्र' का नाम दिया गया। समय के साथ आर्थिक प्रगति में नए-नए क्षेत्र जुड़ने लगे और ये सभी लाइसेंस राज में शामिल होते गए। इन सभी क्षेत्रों में एक निजी उद्योग को बनाए रखना मुश्किल हो गया। उस समय अर्थतंत्र की इस प्रणाली को ही आर्थिक प्रगति के लिए लाभदायक माना गया, लेकिन यदि आप उस समय के आर्थिक दृश्य को देखते तो आपको लगता कि पाकिस्तान, दक्षिण कोरिया तथा इंडोनेशिया जैसे बराबर के अर्थतंत्रों के सामने भी हमारे देश का 'ग्राफ' गिरता जा रहा था। उनकी तुलना में हमारा औद्योगिक उत्पादन और जी.डी.पी. कम थी। नेहरूजी को विश्वास था कि हमारी आर्थिक प्रणाली अर्थतंत्र में जादुई प्रगति ला देगी, लेकिन हुआ इसके विपरीत। लिहाजा, सन्

उस समय अर्थतंत्र की इस प्रणाली को ही आर्थिक प्रगति के लिए लाभदायक माना गया, लेकिन यदि आप उस समय के आर्थिक दृश्य को देखते तो आपको लगता कि पाकिस्तान, दक्षिण कोरिया तथा इंडोनेशिया जैसे बराबर के अर्थतंत्रों के सामने भी हमारे देश का 'ग्राफ' गिरता जा रहा था।

1980 के प्रारंभ से अर्थतंत्र में परिवर्तन के बारे में गंभीरता से सोचा जाने लगा। धीरे-धीरे यह मानस बनने लगा कि इस लाइसेंस राज में आमूलचूल परिवर्तन की जरूरत है। यह विचार लोकप्रियता प्राप्त करने लगा कि भारत में अर्थतंत्र को अब तक काफी पाबंदियों में रखा गया है और यह कि इसी वजह से तथाकथित 'आर्थिक प्रगति' देश के अर्थतंत्र को उसकी पूरी क्षमता प्राप्त करने में बाँधा पहुँचा रही है। अर्थतंत्र की पूरी क्षमता तभी प्राप्त की जा सकती है, जब लाइसेंस राज की प्रणाली को समाप्त कर दिया जाए। धीरे-धीरे जब लाइसेंस राज के विरोध में आवाजें उठने लगीं, तब स्वाभाविक था कि उनका प्रभाव आनेवाले समय में स्पष्ट रूप से दिखाई देने लगे और हुआ भी यही। परिणामस्वरूप, सन् 1990 के दशक के प्रारंभ से लाइसेंस राज में परिवर्तन की शुरुआत होने लगी, किंतु अंबानी के उद्योग इसके पूर्व से चले आ रहे थे। इसलिए, उन्हें परिवर्तन की मार सहनी पड़ी, जो किसी उद्योग के लिए मामूली बात नहीं थी।

सन् 1981 में जब मुकेश ने अपने व्यापार में काम करना शुरू किया, तब तक उनके पिता ने रिलायंस के नाम को काफी बुलंदी पर पहुँचा दिया था। यह वह समय था, जब इंदिरा गांधी की सरकार ने 'पोलियस्टर फिलामेंट यार्न' (पी.एफ.वाई.) के उत्पान को निजी उद्योग के क्षेत्र में शामिल करने का फैसला किया, लेकिन तब भी लाइसेंस राज प्रणाली में कोई राहत नहीं दी गई थी।

सन् 1981 में जब मुकेश ने अपने व्यापार में काम करना शुरू किया, तब तक उनके पिता ने रिलायंस के नाम को काफी बुलंदी पर पहुँचा दिया था। यह वह समय था, जब इंदिरा गांधी की सरकार ने 'पोलियस्टर फिलामेंट यार्न' (पी.एफ.वाई.) के उत्पान को निजी उद्योग के क्षेत्र में शामिल करने का फैसला किया, लेकिन तब भी लाइसेंस राज प्रणाली में कोई राहत नहीं दी गई थी। अब हुआ यह कि रिलायंस ने लाइसेंस के लिए अपनी अर्जी लगा दी। उसे अब सरकारी मशीनरी और प्रतियोगिता, दोनों से पार पाना था और आप

जानते ही होंगे कि लाइसेंस किस उद्योगपति को आसानी से मिलता है ? जाहिर था, उसे जिसका उद्योग में नाम हो और रिलायंस उस समय इस क्षेत्र में एक नया और मामूली खिलाड़ी था, जबकि उसके मुकाबले में टाटा और बिड़ला जैसे दिग्गज उद्योगपति थे। यह माना जा रहा था कि इन नामी-गिरामी नामों की दौड़ में रिलायंस कहाँ गुम हो जाएगा, पता भी नहीं चलेगा। लेकिन लोगों को आश्चर्य हुआ, जब रिलायंस को लाइसेंस मिल गया। जैसे कि हमने इस पुस्तक के पिछले पृष्ठों में वर्णन भी किया है, यह उपलब्धि धीरूभाई की थी।

धीरूभाई ने मुकेश को उद्योग में उतारने का यही सुनहरा अवसर देखा। उन्हें विश्वास था कि जीवन के असली अनुभव मुकेश को उसकी जेब में पड़ी एम.बी.ए. डिग्री से कहीं अधिक सफल उद्योगपति बना देंगे। धीरूभाई ने 'पोलियस्टर फिलामेंट यार्न प्लांट' के निर्माण की पूरी जिम्मेदारी मुकेश को सौंप दी। एक होनहार युवक के लिए यह एक चुनौती थी, लेकिन मुकेश ने इसे पूरी जिम्मेदारी से पूरा किया।

धीरूभाई ने मुकेश को उद्योग में उतारने का यही सुनहरा अवसर देखा। उन्हें विश्वास था कि जीवन के असली अनुभव मुकेश को उसकी जेब में पड़ी एम.बी.ए. डिग्री से कहीं अधिक सफल उद्योगपति बना देंगे। धीरूभाई ने 'पोलियस्टर फिलामेंट यार्न प्लांट' के निर्माण की पूरी जिम्मेदारी मुकेश को सौंप दी।

कंपनी में मुकेश को रसिक भाई मेसवानी के अनुशासन में काम करना था। वे कंपनी के कार्यकारी डायरेक्टर थे और उन्हें मुकेश को रोजाना रिपोर्ट करना पड़ता था। कंपनी का निर्माण शून्य स्तर से शुरू किया गया था। मुकेश को काम करने के लिए पूरी छूट दी गई, जबकि उनके पास निर्माण के बारे में कोई भी अनुभव न के बराबर था। मुकेश के लिए काम करने का बुनियादी सिद्धांत यह था कि प्लांट के निर्माण में कंपनी के सभी कर्मचारियों को सहयोग करना है। निर्माण कार्य केवल कुछ व्यक्तियों तक सीमित नहीं होना चाहिए। जिस कंपनी में ऐसा

वातावरण हो जाता है, वह कर्मचारी अपने को उससे जुड़ा महसूस करता है। और यही वातावरण इस प्लांट के निर्माण में देखा गया। परिणाम यह हुआ कि समयानुसार प्लांट सफलतापूर्वक पूरा होकर चलने भी लगा। मुकेश के प्रयास से यह वातावरण कंपनी में स्थायी हो गया और इसका प्रभाव तब देखा गया, जब प्लांट का और विस्तार किया गया। प्लांट का प्रत्येक कर्मचारी, चाहे वह छोटा हो या बड़ा, यह महसूस करता था कि वह भी कंपनी में कुछ है और यह अहसास उसके काम करने की लगन को एक नई उड़ान देता है। मेरे एक मित्र इस कंपनी में काम करते हैं। वे कहते हैं कि रिलायंस से पहले उन्होंने थोड़े ही समय में एक के बाद एक, तीन कंपनियों को छोड़ा और उसके बाद आज तीस सालों से वे रिलायंस में जमे बैठे हैं और तब तक रहेंगे, जब तक कि रिलायंस उन्हें 'रिटायर' नहीं करता। यह एक उदाहरण है कि किस प्रकार रिलायंस का कर्मचारी अपनी कंपनी से अपने को जुड़ा हुआ पाता है।

कंपनी के निर्माण और उसकी प्रगति में सभी कर्मचारियों के योगदान के अहसास ने रिलायंस को एक पुख्ता आधार प्रदान कर दिया, जिसका लाभ मुकेश को तब दिखाई दिया, जब 1985 में रसिक भाई का निधन हुआ। और उसके एक वर्ष बाद 1986 में धीरूभाई को पक्षाघात हो गया। उस समय मुकेश को किसी प्रकार के अकेलेपन का अहसास नहीं हुआ। कर्मचारियों ने पूरे मनेबल से रिलायंस को सँभाले रखा और कामकाज अथवा उत्पादन में कमी नहीं आने दी। यद्यपि धीरूभाई रुग्णावस्था में भी अपनी मृत्यु (2002) तक कामकाज में सलाह देते रहे।

कंपनी के निर्माण और उसकी प्रगति में सभी कर्मचारियों के योगदान के अहसास ने रिलायंस को एक पुख्ता आधार प्रदान कर दिया, जिसका लाभ मुकेश को तब दिखाई दिया, जब 1985 में रसिक भाई का निधन हुआ। और उसके एक वर्ष बाद 1986 में धीरूभाई को पक्षाघात हो गया। उस समय मुकेश को किसी प्रकार के अकेलेपन का अहसास नहीं हुआ।

मुकेश ने अब काम में मन लगा लिया था और स्टेनफोर्ड जाकर पढ़ाई जारी रखने के विचार को तिलांजलि दे दी थी। वे अब तन-मन से रिलायंस में लग गए थे और उसके विस्तार और विकेंद्रीकरण का काम शुरू कर दिया था। उनका विकास ऐसे वातावरण में हो रहा था, जहाँ उनके पिता कहा करते थे कि यदि तुम अपने सपने को साकार करने में नहीं लगे तो कोई और अपना सपना पूरा करने के लिए तुम्हें काम पर रख लेगा। और तुम्हारे लिए, तुम्हें अपने सपने को जमीन से शुरू करने की जरूरत नहीं है। तुम्हारे लिए एक मजबूत धरातल पहले से मौजूद है, जिस पर तुम अपनी सफलता की इमारत खड़ी कर सकते हो।

मुकेश ने अब काम में मन लगा लिया था और स्टेनफोर्ड जाकर पढ़ाई जारी रखने के विचार को तिलांजलि दे दी थी। वे अब तन-मन से रिलायंस में लग गए थे और उसके विस्तार और विकेंद्रीकरण का काम शुरू कर दिया था। उनका विकास ऐसे वातावरण में हो रहा था, जहाँ उनके पिता कहा करते थे कि यदि तुम अपने सपने को साकार करने में नहीं लगे तो कोई और अपना सपना पूरा करने के लिए तुम्हें काम पर रख लेगा।

मुकेश ने उद्योग जगत् के विशाल क्षेत्रों में शुरुआत करने में प्रमुख भूमिका निभाई है। इन क्षेत्रों में जनसंचार, इंफ्रास्ट्रक्चर अर्थात् निर्माण, पेट्रोकेमिकल्स, पेट्रोलियम रिफाइनिंग, पोलियस्टर फाइबर और गैस तथा तेल उत्पादन शामिल हैं। मुकेश ने विभिन्न तकनीकों के प्रयोग से अनेक विश्व कोटि की निर्माण सुविधाओं का आविष्कार किया है, जिनके परिणामस्वरूप रिलायंस की पेट्रोकेमिकल उत्पादन की वार्षिक क्षमता, जो पहले दस लाख टन से कम थी, वह आज बढ़कर एक करोड़ चालीस लाख टन हो गई है। उनकी योजना है कि थोड़े ही समय में इस क्षमता को और बढ़ाकर दुगुना अर्थात् दो करोड़ सत्रह लाख टन कर देने की है।

अपने पिता के सान्निध्य में मुकेश को यह समझ में आ गया था कि सफलता के लिए विभिन्न क्षेत्रों में दक्षता प्राप्त करके उन पर अपनी पकड़ को मजबूत करना बहुत जरूरी होता है। इनमें मुख्यतः परिवेश अथवा पर्यावरण की जानकारी, जिसमें वे काम कर रहे हैं। विश्व में बड़े पैमाने पर हो रहे टेक्निकल तथा टेक्निकल आविष्कारों की जानकारी, बाजार की नई-से-नई चुनौतियाँ, प्रोजेक्ट्स के निर्माण कौशल के लिए आवश्यक प्रशिक्षण जैसे महत्त्वपूर्ण क्षेत्र शामिल थे और इन सबके ऊपर था, मानवीय संसाधनों की उचित देखभाल। इसमें कर्मचारियों के प्रशिक्षण एवं प्रोत्साहन पर विशेष ध्यान जरूरी था। वहीं यह भी जरूरी था कि उद्योग की प्रगति के लिए मित्रों को भी सद्व्यवहार में रखा जाए। उनके पिता ने यह साबित करके दिखा दिया था कि सरकार के नियमों में नरमी इस बात पर निर्भर करती है कि सामने का व्यक्ति कितना उदार हो सकता है। जितना उदार वह होगा, उतनी ही सुविधा उसे मिलेगी।

अपने पिता के सान्निध्य में मुकेश को यह समझ में आ गया था कि सफलता के लिए विभिन्न क्षेत्रों में दक्षता प्राप्त करके उन पर अपनी पकड़ को मजबूत करना बहुत जरूरी होता है। इनमें मुख्यतः परिवेश अथवा पर्यावरण की जानकारी, जिसमें वे काम कर रहे हैं।

मुकेश इन सभी गुरों को आत्मसात् कर रहे थे, क्योंकि आनेवाले दिनों में वे ही सफलता के मेरुदंड साबित होनेवाले थे।

यहाँ यदि यह वर्णन आपको जरा भी अनैतिक लगता हो तो हम बता दें कि ये सभी युक्तियों और गुरों का प्रयोग अनेक परंपरागत औद्योगिक परिवारों में होता आ रहा है। धीरूभाई ने केवल इन्हें नई ऊँचाइयों तक पहुँचाया था। एक बार धीरूभाई ने 'इंडिया टुडे' मैगजीन को दिए गए एक इंटरव्यू में कहा भी था कि वे प्रशासन में 'किसी को भी सलाम करने को तैयार हैं' क्योंकि यह व्यापार को बढ़ाने में 'मंत्र' का काम करता है।

मुकेश यह भलीभाँति जानते थे कि उनके पिता जिन दबावों और तनावों

में जी रहे हैं, उनका प्रमुख कारण यह था कि वे शेयर होल्डरों की जमात से बढ़कर एक ऊँची हस्ती बन गए हैं। एक बार उनकी मीटिंग में 30,000 शेयर होल्डरों ने भाग लिया, जो उस समय के औद्योगिक इतिहास में एक रिकॉर्ड था। भाग लेनेवालों की इतनी बड़ी संख्या के लिए कोई 'हॉल' नहीं था, इसलिए अंततः मीटिंग खुले 'क्रॉस मैदान' में आयोजित की गई। यदि आज वे शेयर होल्डरों की नजरों में 'हीरो' थे तो उसका कारण यह था कि उन्होंने उन हजारों उद्योगपतियों को करोड़पति बनाया था, जिन्होंने उनके शुरू के दिनों में उन पर भरोसा किया था। लेकिन 'ऊँची हस्ती' बनाए रखने के लिए उन्हें अकसर दबावों में रहना पड़ता था, क्योंकि उन्हें हमेशा एक हीरो के रूप में अपने को बनाए रखना पड़ता था। मुकेश को इन सभी दबावों और तनावों का ज्ञान था, इसलिए उन्हें ऐसे मार्ग निकालने पड़ते थे, जिनके प्रयोग से वे बिना किसी तनाव के शेयर होल्डरों की आकांक्षाओं पर खरे उतरते थे। उन्होंने महसूस किया कि ये कार्य वे वर्तमान उद्योग के विस्तार के साथ-साथ विकेंद्रीकरण के नए-नए द्वार खोल देने से आसानी से यह कर सकते हैं। उन्होंने यह भी समझ लिया था कि इस विस्तार और विकेंद्रीकरण में उत्पादन की क्वालिटी अर्थात् उसकी गुणवत्ता में किसी प्रकार की कमी नहीं आनी चाहिए। उनके पिता ने इस दिशा में एक उदाहरण पहले ही सन् 1966 में प्रस्तुत कर दिया था। 'वर्ल्ड बैंक' की एक टेक्निकल कमेटी ने रिलायंस की कपड़ा मिल का दौरा किया था और उसने रिलायंस की तारीफ करते हुए कहा था कि मिल में कामकाज करने का स्तर विकसित देशों के स्तर की तुलना में भी सर्वश्रेष्ठ है। मुकेश ने सभी उपलब्धियों को पीछे छोड़ते हुए इनके स्तरों को

मुकेश यह भलीभाँति जानते थे कि उनके पिता जिन दबावों और तनावों में जी रहे हैं, उनका प्रमुख कारण यह था कि वे शेयर होल्डरों की जमात से बढ़कर एक ऊँची हस्ती बन गए हैं। एक बार उनकी मीटिंग में 30,000 शेयर होल्डरों ने भाग लिया, जो उस समय के औद्योगिक इतिहास में एक रिकॉर्ड था।

और भी ऊँचा करने में सफलता प्राप्त की। समय ने यह साबित कर दिया है कि सफलता की ऊँचाइयों को छूने में उनके बराबर का उदाहरण नहीं है।

अपने व्यवसाय के प्रारंभ में ही उन्होंने अपने पिता से समय की पाबंदी जैसे गुणों को न केवल आत्मसात् किया था, बल्कि समय से पहले पहुँचने का ध्येय अपने कॅरियर के शुरू में ही बना लिया था। यह लगन तब देखने को मिली। जब सन् 1999 में जामनगर में रिलायंस का रिफाइनरी का संयंत्र अपने पूर्व निर्धारित समय से पहले ही बनकर तैयार हो गया और वह भी तब, जब गुजरात में भूकंप से उनके संयंत्र की निर्माणाधीन जमीन धँस चुकी थी। यही नहीं, उसकी लागत में जो पूँजी लगी थी, वह अंतरराष्ट्रीय मानकों पर आधारित लागत से 30 प्रतिशत कम थी। आज वह अपनी तरह का एकल सबसे बड़ा संयंत्र है।

अपने व्यवसाय के प्रारंभ में ही उन्होंने अपने पिता से समय की पाबंदी जैसे गुणों को न केवल आत्मसात् किया था, बल्कि समय से पहले पहुँचने का ध्येय अपने कॅरियर के शुरू में ही बना लिया था। यह लगन तब देखने को मिली।

कच्चे माल की पूर्ति : एक निर्बाध एवं सुनिश्चित व्यवस्था

इस विषय पर चर्चा करने से पहले हमें यह समझ लेना चाहिए कि इस विषय का सही मायनों में मतलब क्या है? इसको यूँ समझा जा सकता है, प्रत्येक उद्योग को अपना माल बनाने के लिए उसके निर्माण में लगनेवाले कच्चे माल की जरूरत होती है और यह ऐसी व्यवस्था है, जो निर्बाध और सुनिश्चित गति से न चले तो उद्योग को भारी नुकसान पहुँच सकता है, यहाँ तक कि उसका उत्पादन भी ठप हो सकता है। अब इस कच्चे माल के उत्पाद को अन्य साधनों से मुहैया करने के लिए कुछ उत्पादक और सप्लायर्स होते हैं, जो उद्योग को कच्चे माल की सप्लाई निरंतर रूप से करते हैं। इनकी भूमिका उद्योग के लिए बहुत ही महत्त्वपूर्ण होती है। कभी-कभी ऐसा भी होता है कि विभिन्न कारणों से ये उत्पाद और सप्लायर्स कच्चे माल की

सप्लाई नहीं कर पाते। ऐसे में उद्योग के भविष्य पर संकट मँडराने लगता है। ऐसी स्थिति पर नियंत्रण पाने के उद्‌देश्य से एक साधन संपन्न उद्योग इन उत्पादकों अथवा सप्लायर्स की सेवाओं को अल्पकाल के लिए या सदा के लिए अपने उद्योग से जोड़ सकता है या अपने अधीन बना सकता है। उद्योग को इसका स्थायी लाभ यह मिलता है कि उसे कच्चा माल सस्ते दाम पर निर्बाध गति से मिलता रहता है और उसका उत्पादन अपनी गति से निरंतर चलता रहता है। इसमें न तो बिचौलिए होते हैं और न ही दूसरे किसी उद्योगपति का दखल होता है, बल्कि अन्य छोटे-मोटे उद्योगपति होते हैं।

इस सामरिक लक्ष्य से जो बचत होती है, वह उद्योग के मुनाफे में जुड़ती है या फिर प्रोडक्ट के मूल्य को सस्ता बनाने में लगती है, जो एक उद्योगपति को अपने प्रतियोगियों को सफलता की दौड़ में मात देने में काम आती है। यहाँ हम यह स्वीकार कर सकते हैं कि यह कदम हर उद्योगपति के लिए सहज नहीं होता अर्थात् पूरी सप्लाई चेन को 'टेक ओवर' करना मुमकिन नहीं होता।

इस सामरिक लक्ष्य से जो बचत होती है, वह उद्योग के मुनाफे में जुड़ती है या फिर प्रोडक्ट के मूल्य को सस्ता बनाने में लगती है, जो एक उद्योगपति को अपने प्रतियोगियों को सफलता की दौड़ में मात देने में काम आती है। यहाँ हम यह स्वीकार कर सकते हैं कि यह कदम हर उद्योगपति के लिए सहज नहीं होता अर्थात् पूरी सप्लाई चेन को 'टेक ओवर' करना मुमकिन नहीं होता। ऐसी स्थिति में यह किसी सीमा तक अपनाया जा सकता है। इसके अतिरिक्त यह भी संभव है कि ऐसे सप्लायर्स की सुविधा को 'टेकओवर' किया जाए, जिसका उत्पादन उद्योग की खपत से ज्यादा होता है। ऐसी सूरत में उसके अतिरिक्त माल की बिक्री की व्यवस्था करनी पड़ती है। इसलिए एक उद्योगपति को कच्चे माल की आपूर्ति की व्यवस्था करने से पूर्व इन सभी पहलुओं पर विचार करना बहुत जरूरी होता है।

मुकेश ने रिलायंस में कॅरियर की शुरुआत में ही 'कच्चे माल की पूर्ति' की इस सामरिक योजना पर काम करना शुरू कर दिया था। पहले उन्होंने पोलियस्टर फाइबर पर और दूसरे पेट्रोकेमिकल्स की उपलब्धि पर काम शुरू किया। ये दोनों ही उनके कपड़ा उद्योग में कच्चे माल के स्रोत थे। इन दोनों क्षेत्रों में रिलायंस ने 51 नई उत्पादन सुविधाओं की स्थापना की, जो अपनी तकनीक में दुनिया में स्थापित मापदंडों से कम नहीं थीं। कच्चे माल के इन स्रोतों की निर्बाध सप्लाई के परिणामस्वरूप रिलायंस की उत्पादन क्षमता में कई गुणा इजाफा होने लगा।

मुकेश ने रिलायंस में कॅरियर की शुरुआत में ही 'कच्चे माल की पूर्ति' की इस सामरिक योजना पर काम करना शुरू कर दिया था। पहले उन्होंने पोलियस्टर फाइबर पर और दूसरे पेट्रोकेमिकल्स की उपलब्धि पर काम शुरू किया। ये दोनों ही उनके कपड़ा उद्योग में कच्चे माल के स्रोत थे। इन दोनों क्षेत्रों में रिलायंस ने 51 नई उत्पादन सुविधाओं की स्थापना की, जो अपनी तकनीक में दुनिया में स्थापित मापदंडों से कम नहीं थीं।

अब मुकेश के सामने उड़ान के लिए खुला आकाश था और उन्होंने भी जो उनके पास था, उसकी संतुष्टि से आगे बढ़ते हुए अपने उद्योग के विकेंद्रीकरण में एक नया आयाम जोड़ दिया। उन्होंने 'रिलायंस इन्फोकॉम लिमिटेड' नामक एक नए उद्योग की स्थापना की। इस उद्योग का परम लक्ष्य था सूचना और संचार तकनीक में नए आयामों को तलाशना। इसके साथ-साथ वे समयानुकूल औद्योगिक क्षेत्रों पर अपनी दृष्टि दौड़ाते रहे। उन्हें खेलकूद के क्षेत्र में, विशेषकर क्रिकेट में भविष्य नजर आया। मुकेश ने इंडियन प्रीमियर लीग (आई.पी.एल.) में भाग लेने के लिए 'मुंबई इंडियंस' के नाम से एक क्रिकेट टीम को खरीद लिया। उसके बाद उनकी दूरदृष्टि देश में रिटेल बिजनेस पर गई और उसकी सफलता की कहानी आप पुस्तक के अगले पृष्ठों में पढ़ पाएँगे।

आज रिलायंस पाँच अन्य औद्योगिक क्षेत्र में दखल रखता है, जिनमें एक्सप्लोरेशन एंड प्रोडक्शन अर्थात् 'अन्वेषण और उत्पादन', रिफाइनिंग और मार्केटिंग, पेट्रोकेमिकल्स, रिटेल और टेली कम्युनिकेशन शामिल हैं। रिलायंस विश्व की प्रमुख कंपनियों में गिनी जाती है और मार्केट वेल्यू के आधार पर देखा जाए तो वह भारत की सर्वाधिक 'वेल्यू' वाली कंपनी है।

कड़ी चुनौती

सन् 1986 में जब धीरूभाई को पक्षाघात का दौरा पड़ा था, तब मुकेश और अनिल दोनों के लिए कठिन समय था। उस समय दोनों की उम्र बीस-बाईस साल रही होगी। ऐसी अवस्था में रिलायंस जैसी विशाल कंपनी को सुचारु रूप से चलाए रखना एक बड़ी चुनौती थी। उनके प्रतियोगी, सप्लायर्स, वेंडर्स और उधार देनेवालों के सामने वे अभी 'बच्चे' थे। उनकी योग्यता और क्षमता पर उन्हें भरोसा नहीं था। यह दोनों भाइयों के लिए बड़ा कठिन समय था और साथ-साथ यह एक मौका भी था, जिसमें वे इस कठिन घड़ी को एक अवसर का रूप भी दे सकते हैं और समय साक्षी है, उन्होंने यह चमत्कार करके दिखाया। ऐसे समय में जब उनके पास कोई सलाह देनेवाला भी नहीं था, उन्होंने इस समय का उपयोग स्थिति को सँभाले रखने के साथ अपने आत्मविश्वास को मजबूत बनाए रखने में किया।

सन् 1986 में जब धीरूभाई को पक्षाघात का दौरा पड़ा था, तब मुकेश और अनिल दोनों के लिए कठिन समय था। उस समय दोनों की उम्र बीस-बाईस साल रही होगी। ऐसी अवस्था में रिलायंस जैसी विशाल कंपनी को सुचारु रूप से चलाए रखना एक बड़ी चुनौती थी। उनके प्रतियोगी, सप्लायर्स, वेंडर्स और उधार देनेवालों के सामने वे अभी 'बच्चे' थे। उनकी योग्यता और क्षमता पर उन्हें भरोसा नहीं था।

मुकेश के लिए यह समय जीवन के कटु सत्य को जानने और परखने का मौका था और उन्होंने बहुत कुछ सीखा भी। मुकेश ने बाद में चलकर यह

स्वीकार किया कि इस कठिन घड़ी में वे व्यापार के ऐसे गुर सीख पाए, जिन्हें संभवतः सामान्य जीवन में कभी नहीं सीख पाते। वे यह भी कहते हैं कि उन्हें उन दिनों जीवन के उन मूल्यों पर उनकी आस्था ने बहुत बल प्रदान किया, जो उन्हें अपने परिवार से मिले थे।

धीरूभाई जब अपनी भयानक बीमारी से उबर रहे थे, तब उन्होंने उस समय को 'लोहे को तपने' की संज्ञा देते हुए उसकी तुलना भारतीय मानस में प्रचलित केकड़े और खुले मर्तबान की कहानी से की है, जिसमें कोई भी केकड़ा मर्तबान खुला होने के बावजूद ऊपर चढ़कर निकल नहीं पाता, क्योंकि जैसे ही वह मर्तबान के शिखर तक पहुँचता है, दूसरा केकड़ा उसके पैरों में लटक जाता है। परिणामस्वरूप दोनों ही नीचे गिरते हैं। धीरूभाई के अनुसार, उद्योग जगत् में यही प्रक्रिया हमेशा चलती रहती है। उन मुश्किल दिनों में भी धीरूभाई ने कंपनी के विरोधियों को भी शुभचिंतक माना था।

> *धीरूभाई जब अपनी भयानक बीमारी से उबर रहे थे, तब उन्होंने उस समय को 'लोहे को तपने' की संज्ञा देते हुए उसकी तुलना भारतीय मानस में प्रचलित केकड़े और खुले मर्तबान की कहानी से की है, जिसमें कोई भी केकड़ा मर्तबान खुला होने के बावजूद ऊपर चढ़कर निकल नहीं पाता, क्योंकि जैसे ही वह मर्तबान के शिखर तक पहुँचता है, दूसरा केकड़ा उसके पैरों में लटक जाता है।*

मुकेश के सामने समस्या तब खड़ी हो गई, जब धीरूभाई की बीमारी को देखकर उधार देनेवालों ने निर्धारित समय से पहले ही अपना पैसा माँगना शुरू कर दिया। रिलायंस ने पहले तो उन्हें समझाने की कोशिश की, लेकिन बाद में कंपनी ने फैसला किया कि वह ऋणदाता, जो अपना पैसा वापस चाहता है, उसे उसका पैसा वापस किया जाएगा और उन्होंने पैसा वापस करना शुरू भी कर दिया। कंपनी के इस फैसले से ऋणदाताओं का कंपनी पर वही भरोसा वापस आ गया, जो धीरूभाई की बीमारी से पहले था। उस वक्त मुकेश और

अनिल ने यह गाँठ मार ली कि स्थिति कितनी भी खराब हो, पर पैसे भुगतान में कभी कोई चूक नहीं चाहिए। और उनके लिए यह सिद्धांत आज तक लागू है।

यह ऐसा भी वक्त था, जब लोगों में यह आम धारणा पैदा हो गई कि 'रिलायंस' का खेल अब खत्म हुआ, क्योंकि उनकी धारणा में अंबानी के लड़के इतनी बड़ी कंपनी के कामकाज को कैसे सँभाल पाएँगे? लोगों में निराशा इस हद तक फैल गई थी कि यदि धीरूभाई उस भयंकर बीमारी से ठीक भी हो गए तो भी क्या अपनी उस हालत में पहले जैसा कामकाज कर पाएँगे? मुकेश चूँकि बड़े लड़के थे, इसलिए उनके सामने यह कठिन समय था, क्योंकि यदि इस संकटकाल को वे मजबूती से नहीं झेल पाए तो उनके सपने केवल 'सपने' रह जाएँगे और यदि झेलकर संकट के दौर से उबर गए तो आगे चलकर अपने सपनों को साकार करके कंपनी को नई बुलंदियों पर ले जा सकेंगे। कहा जाता है कि उन दिनों उनको 'बच्चों' की संज्ञा दी जाती थी, लेकिन उन्होंने उसे कभी अन्यथा नहीं माना और ईश्वर की दी गई सौगात समझकर, उसे अपने लिए 'अवसरों' में बदल दिया।

यह ऐसा भी वक्त था, जब लोगों में यह आम धारणा पैदा हो गई कि 'रिलायंस' का खेल अब खत्म हुआ, क्योंकि उनकी धारणा में अंबानी के लड़के इतनी बड़ी कंपनी के कामकाज को कैसे सँभाल पाएँगे? लोगों में निराशा इस हद तक फैल गई थी कि यदि धीरूभाई उस भयंकर बीमारी से ठीक भी हो गए तो भी क्या अपनी उस हालत में पहले जैसा कामकाज कर पाएँगे?

मुकेश चूँकि बचपन से आशावादी व्यक्ति थे, अत: उन्होंने स्थिति को बड़े धैर्य से निपटाया। इंजीनियर होने के नाते उन्हें 'न्यूटन' के तीसरे सिद्धांत का ज्ञान था और वे हमेशा उसे अपने मन में याद करते थे, 'एवरी एक्शन हैज एन इक्वल एंड अपोजिट रिएक्शन' अर्थात् प्रत्येक क्रिया की, बराबर की विपरीत प्रक्रिया होती है। यही कारण था कि लोगों ने उन्हें जितना नीचे धकेला था, वे उतना ही बढ़कर ऊपर आए।

उन्होंने दृढ़ता से प्रतिज्ञा की थी कि वे लोगों की धारणाओं को गलत साबित करके दिखा देंगे और समय गवाह है कि उन्होंने अपने 'स्टाइल' में यह करके दिखा दिया।

मुकेश के मन में जिन मूल्यों ने अपनी छाप छोड़ी है, उनमें 'दृढ़ता' और पक्के इरादे के साथ-साथ ईश्वर में आस्था भी है। उन्हें भाग्य, भविष्य और कर्म में विश्वास है। उसके साथ ईश्वर पर भी विश्वास है, जिसने प्रत्येक मनुष्य को अपनी क्षमता के अनुसार कर्म करके उसका फल प्राप्त करने के योग्य बनाया है। मुकेश के लिए यह आवश्यक था कि वह फल की परवाह किए बगैर अपना 'कर्म' करें। जीवन में काम करना बहुत ही महत्त्वपूर्ण होता है और यही मुकेश का 'मूलमंत्र' है और इन्हीं मूल्यों को वे उन लोगों को देने की कोशिश करते हैं, जो प्रत्यक्ष अथवा अप्रत्यक्ष रूप से रिलायंस से जुड़े होते हैं।

मुकेश के मन में जिन मूल्यों ने अपनी छाप छोड़ी है, उनमें 'दृढ़ता' और पक्के इरादे के साथ-साथ ईश्वर में आस्था भी है। उन्हें भाग्य, भविष्य और कर्म में विश्वास है। उसके साथ ईश्वर पर भी विश्वास है, जिसने प्रत्येक मनुष्य को अपनी क्षमता के अनुसार कर्म करके उसका फल प्राप्त करने के योग्य बनाया है। मुकेश के लिए यह आवश्यक था कि वह फल की परवाह किए बगैर अपना 'कर्म' करें।

मुकेश की जीवन शैली यद्यपि सर्वविदित है, फिर भी उनके कामकाज में एक प्रकार की गूढ़ता दिखाई देती है। दूसरों के लिए एक रहस्य का परदा रहता है। लोग कभी-कभी समझ नहीं पाते और यह भी एक जमीनी सच्चाई है कि जब से उन्होंने रिलायंस को सँभाला है, तब से आज तक उसकी प्रगति में बेमिसाल तरक्की हुई है। वे अपने बारे में बहुत कम बोलते हैं और यही कारण है कि लोग उन्हें ठीक से समझने में भूल कर जाते हैं। फिर भी उनके कंपनी को चलाने में, उनके विचारों को असानी से समझा जा सकता है।

राजनीतिक समर्थन

हमने पूर्व के पृष्ठों में वर्णन किया है कि धीरूभाई ने 'सत्ता' से जुड़े लोगों के साथ किस प्रकार का व्यवहार रखा और उसके फलस्वरूप उन्होंने अपने उद्योग में चहुँमुखी प्रगति ला दी। मुकेश ने भी अपने पिता के कदमों पर चलना शुरू किया और हमेशा सत्तापक्ष के सहयोगी के रूप में रहते आए हैं। इधर, मोदी सरकार से उन्होंने बिना किसी आदान-प्रदान के एक बहुमूल्य रिश्ता कायम किया है और सरकार की नीति और योजनाओं को विस्तार देने में अपनी अद्‌भुत योग्यता का परिचय दिया है। सरकार के 'आत्मनिर्भर भारत' जैसे कार्यक्रमों से जुड़कर मुकेश अब देश के आर्थिक विकास में अपना योगदान बढ़ाने में जुटे हैं।

हमने पूर्व के पृष्ठों में वर्णन किया है कि धीरूभाई ने 'सत्ता' से जुड़े लोगों के साथ किस प्रकार का व्यवहार रखा और उसके फलस्वरूप उन्होंने अपने उद्योग में चहुँमुखी प्रगति ला दी। मुकेश ने भी अपने पिता के कदमों पर चलना शुरू किया और हमेशा सत्तापक्ष के सहयोगी के रूप में रहते आए हैं।

इस सरकार का रुख भ्रष्टाचार के प्रति, विशेषकर ऐसे धनी व्यक्तियों के प्रति बड़ा कठोर रहा है, जिन्होंने अपने धन और व्यवसाय के लिए सरकारी वित्त संस्थाओं तथा सरकारी कॉन्टेक्ट्स से प्राप्त धनराशि का दुरुपयोग किया है। सरकार के इस कठोर रुख का संकेत सन् 2016 में ही स्पष्ट हो गया था, जब उसने 'बैंकरप्सी' कानून को लागू किया था, जिसके तहत ऐसे धनी लोगों के लिए ऋणदाताओं से अपनी संपत्ति को सुरक्षित रखना मुश्किल हो गया था। ऋण लेनेवाले धनिकों के विरुद्ध न्यायालयों ने भी सख्त रुख अपनाकर उन्हें अपराधी घोषित किया है। सरकार के सख्त रवैए के कारण जिन अरबपतियों को दोषी पाया गया है, उनमें अनिल अंबानी, विजय माल्या, नीरव मोदी, रुइया ब्रदर्स और कई अन्य धनिक शामिल हैं।

इसके ठीक विपरीत, मुकेश ने अपने को मोदी सरकार के आत्मनिर्भर,

आधुनिक और विदेशी लागत के प्रति सकारात्मक रुख रखनेवाले भारत के सपने के समर्थन में प्रस्तुत किया है। मुकेश सन् 1990 से ही मोदीजी के संपर्क में रहे हैं। तब तक मोदीजी राष्ट्रीय पटल पर उभरकर नहीं आए थे। उनके स्तर का अंदाजा इसी से लगाया जा सकता है कि वे मोदीजी से जब चाहें मिल सकते हैं, बल्कि इसको यूँ समझा जाए कि परामर्श के लिए मोदीजी स्वयं उन्हें अपने आवास पर बुलाते हैं और मुकेश मोदीजी के सपने को पूरा करने के लिए अपने भरसक प्रयास करते हैं। मोदीजी ने कश्मीर को भारत का अंतरंग भाग बनाने के लिए भारतीय संविधान की धारा 370 को समाप्त करके जनता से कश्मीर के आधुनिकीकरण और विकास का वादा किया और मुकेश ने पूँजी लगाने के अवसरों की तलाश करने के लिए विशेषज्ञों की एक टीम को कश्मीर में रवाना कर दिया। राजनीतिक हस्तियों से मृदुल संबंधों को बनाए रखने के लिए मुकेश ऐसे कार्यों पर विश्वास करते हैं।

धीरूभाई अपने बच्चों में मूल्यों के संवर्धन अर्थात् मूल्यों के प्रति आस्था जाग्रत् करने में बहुत ध्यान देते थे। जीवन के इस पहलू में वे हमेश दिलचस्पी रखते आए थे, क्योंकि वे मूल्यों को जीवन का आधार मानते थे, जिनके बिना जीवन सुगमता से नहीं चल सकता।

मूल्यों का संवर्धन

धीरूभाई अपने बच्चों में मूल्यों के संवर्धन अर्थात् मूल्यों के प्रति आस्था जाग्रत् करने में बहुत ध्यान देते थे। जीवन के इस पहलू में वे हमेश दिलचस्पी रखते आए थे, क्योंकि वे मूल्यों को जीवन का आधार मानते थे, जिनके बिना जीवन सुगमता से नहीं चल सकता। अपने उद्योग की व्यस्तताओं के बावजूद उन्होंने हमेशा अपने बच्चों की परवरिश पर पूरा ध्यान दिया।

मुकेश का मानना है कि एक उद्योगपति की महत्त्वपूर्ण विशिष्टता उसका आत्मविश्वास होता है। एक बार उन्होंने अपने पिता का एक अनुभव सुनाया,

जिसमें रिलायंस के जनता से सहयोग माँगने का वर्णन है। अपने उद्योग के विस्तार की योजनाओं के लिए धीरूभाई को बड़े पैमाने पर धन की आवश्यता थी और धन के परंपरागत स्रोतों से पैसा मिलना संभव नहीं था, क्योंकि इसके लिए उन्हें विस्तार से समूची योजना को बताना पड़ता और यह भी तय था कि वे योजना को जानने के बाद पैसा देने से मुकर जाएँगे। और जहाँ तक बैंकों का प्रश्न था, तो जाहिर था कि वे अभिलाषाओं से भरी योजना की तुलना में आँकड़ों पर आधारित तथ्यों की माँग करेंगे। ऐसी स्थिति में यह धीरूभाई का आत्मविश्वास ही था कि वे बाजार से धन एकत्र करेंगे और प्रत्येक देनदार को एक अच्छे मुनाफे के साथ उसकी धनराशि वापस करेंगे। उनकी दिव्यदृष्टि ने परख लिया था कि भारत शानदार अवसरों का देश है और वे सामने आए इस अवसर का लाभ उठाना चाहते थे।

धीरूभाई एक अन्य प्रकार की कंपनी बनाने में विश्वास करते थे और मुकेश उन्हीं कदमों पर आज उसी आत्मविश्वास के साथ चल रहे हैं। रिलायंस ने जनता की व्यापार उद्योग के प्रति धारणा में परिवर्तन ला दिया। सन् 1905 में यह रिलायंस की पहल थी, जिसने बाजार को उद्योग की सहायता के लिए आगे बढ़ने हेतु प्रोत्साहित किया, जिसके पश्चात् अनेक उद्योगपति बाजार के सहयोग का लाभ उठाने लगे और देश की आर्थिक उन्नति में इजाफा हुआ।

धीरूभाई एक अन्य प्रकार की कंपनी बनाने में विश्वास करते थे और मुकेश उन्हीं कदमों पर आज उसी आत्मविश्वास के साथ चल रहे हैं। रिलायंस ने जनता की व्यापार उद्योग के प्रति धारणा में परिवर्तन ला दिया। सन् 1905 में यह रिलायंस की पहल थी, जिसने बाजार को उद्योग की सहायता के लिए आगे बढ़ने हेतु प्रोत्साहित किया, जिसके पश्चात् अनेक उद्योगपति बाजार के सहयोग का लाभ उठाने लगे और देश की आर्थिक उन्नति में इजाफा हुआ।

जब मुकेश से प्रश्न किया गया कि वह कौन सा मंत्र है, जिसने रिलायंस को एक सफल कंपनी बनाया, तो उत्तर में वे कई कारणों का जिक्र करते हैं। पहला, यह कि रिलायंस अपने कर्मचारियों तथा उन सभी व्यक्तियों के साथ, जिनका उससे नाता है, कभी न खत्म होनेवाले रिश्ते बनाता है। ऐसे लोगों की बड़ी संख्या होगी, जो दशकों से रिलायंस में काम कर रहे हैं। उन्हें विश्वास है कि आड़े वक्त पर कंपनी ही उनके काम आएगी और रिलायंस ने उनकी इस धारणा को कोरोना काल जैसी आपात स्थिति में साबित भी कर दिया है। दूसरा कारण भी पहले से ही जुड़ा हुआ है और वह यह है कि रिलायंस कंपनी में लागू करने के लिए रीति-रिवाज, प्रक्रियाएँ तथा प्रणालियाँ बनाते समय मालिक की भलाई नहीं, बल्कि कर्मचारियों की भलाई पर ध्यान देता है। ये संस्कार बुनियादी मूल्यों के साथ मिलकर रिलायंस को अन्य उद्योगों से अलग करते हैं और इसके परिणाम बहुत ही शानदार रहे हैं। जब रिलायंस ने पोलियस्टर क्षेत्र में कदम रखा था, तब वहाँ बड़े-बड़े उद्योगपति पहले ही मौजूद थे, जिनमें टाटा को छोड़कर बिड़ला, मोदी, सिंघानिया जैसे अंतरराष्ट्रीय ख्याति प्राप्त उद्योग के सितारे काम कर रहे थे, लेकिन रिलायंस ने इस क्षेत्र में सर्वोपरि उद्योग की धाक जमाई। मुकेश इस सफलता के बारे में कहते हैं कि रिलायंस अब भी नए उद्योगों और योग्यताओं को विकसित करने में ध्यान लगाना चाहता है। यदि उन्हें योग्यता दिखाई देती है तो वे एक कदम आगे बढ़ने को तैयार हैं।

जब मुकेश से प्रश्न किया गया कि वह कौन सा मंत्र है, जिसने रिलायंस को एक सफल कंपनी बनाया, तो उत्तर में वे कई कारणों का जिक्र करते हैं। पहला, यह कि रिलायंस अपने कर्मचारियों तथा उन सभी व्यक्तियों के साथ, जिनका उससे नाता है, कभी न खत्म होनेवाले रिश्ते बनाता है।

मुकेश इस पहलू में भी अपने पिता के कदमों पर चलते हैं। वे अपने पिता के साम्राज्य को और मजबूत बनाने और उसको विस्तार देने में भी अपने

पिता के आदर्शों को कभी नहीं भूलते। वे अपने बच्चों की परवरिश पर भी उचित ध्यान देते हैं और प्रयास करते हैं कि बच्चों में मूल्यों के संस्कार पैदा हों। उन्होंने अपने पिता की जोखिम भरी जीवन-यात्रा यानी एक गैस अटेंडेंट से लेकर, झंझावातों से गुजरते एक सफल उद्योगपति तक के सफर के अनुभवों को नजदीक से देखा और जिया है। उन्हें वे दिन याद हैं, जब वे एक 'चॉल' में रहते थे, साधारण लोगों की तरह बसों में सफर करते थे और फिर धीरे-धीरे उनके दिन बदलते गए। इसीलिए वे भी चाहते हैं कि उनके बच्चों में अच्छे संस्कार हों, क्योंकि उनकी दृष्टि में बिना मूल्यों की सफलता एक छलावा है और यही कारण था कि शुरू के वर्षों में उन्होंने अपने बच्चों को आम बसों में सफर करने के लिए कहा, ताकि वे एक आम आदमी के जीवन की सच्चाइयों को आत्मसात् कर सकें। ये लोग भले ही साधारण हों, लेकिन सफलता की कहानियों में उनकी भूमिका बड़े मायने रखती है। इसीलिए कहा जाता है कि उन्होंने एक बार अपने बेटे को रेल के सैकेंड क्लास में भी सफर करवाया था।

> *मुकेश इस पहलू में भी अपने पिता के कदमों पर चलते हैं। वे अपने पिता के साम्राज्य को और मजबूत बनाने और उसको विस्तार देने में भी अपने पिता के आदर्शों को कभी नहीं भूलते। वे अपने बच्चों की परवरिश पर भी उचित ध्यान देते हैं और प्रयास करते हैं कि बच्चों में मूल्यों के संस्कार पैदा हों।*

मुकेश अंबानी का 'लाइफ स्टाइल' काफी तड़क-भड़कवाला है। वे बहुत उम्दा और परिष्कृत कपड़े पहनते हैं और गगनचुंबी इमारत 'एंटीलिया' में रहते हैं जो दक्षिण मुंबई में अरब सागर के सामने अवस्थित है। 'एंटीलिया' सबसे महँगी आवासीय संपत्ति है, जिसका मूल्य प्रख्यात 'फोर्ब्स' पत्रिका ने एक बिलियन अमेरिकी डॉलर आँका है। 27 मालेवाली इस इमारत की छत पर एक 'हेलीपेड' है, यानी हेलीकॉप्टर उतर सकता है। इसके अलावा, इस इमारत में 160 कारों के लिए गैरेज हैं, एक निजी मूवी थिएटर है, एक स्विमिंग पूल, फिटनेस सेंटर के साथ-साथ अन्य अनेक सुविधाएँ मौजूद हैं।

इस इमारत के रख-रखाव के लिए 600 कर्मचारियों का एक दल है, जो हमेशा इमारत को चलायमान रखता है।

मुकेश का वैवाहिक जीवन सुखमय है। उनकी पत्नी नीता अंबानी जब कभी जनता में दिखाई देती हैं तो आकर्षण का केंद्र बन जाती हैं। दोनों का मिलन तब हुआ, जब एक बार धीरूभाई ने नीता को एक नृत्य कार्यक्रम में नृत्य करते देखा। दोनों के मिलन के बाद वे विवाह सूत्र में बँध गए और आज उनकी गिनती प्रख्यात दंपती के रूप में की जाती है। मुकेश अपनी पत्नी को बहुमूल्य उपहार देने में मशहूर हैं। उदाहरण के लिए 2007 में उन्होंने अपनी पत्नी की चवालिसवीं वर्षगाँठ पर उन्हें उपहारस्वरूप एयरबस ए-319 दी, जिसकी कीमत 60 मिलियन अमेरिकी डॉलर थी। इस विमान में 180 यात्री सफर कर सकते हैं। विमान में एक लिविंग रूम, एक बेडरूम, सैटेलाइट टी.वी., वाई-फाई, स्काई बार, जैकूजी तथा एक कार्यालय के अलावा अन्य अनेक सुविधाएँ हैं।

मुकेश का वैवाहिक जीवन सुखमय है। उनकी पत्नी नीता अंबानी जब कभी जनता में दिखाई देती हैं तो आकर्षण का केंद्र बन जाती हैं। दोनों का मिलन तब हुआ, जब एक बार धीरूभाई ने नीता को एक नृत्य कार्यक्रम में नृत्य करते देखा। दोनों के मिलन के बाद वे विवाह सूत्र में बँध गए और आज उनकी गिनती प्रख्यात दंपती के रूप में की जाती है।

मुकेश और नीता के दो बेटे हैं—अनंत और आकाश तथा एक बेटी ईशा है। ईशा और आकाश जुड़वाँ हैं।

मुकेश को सिनेमा का बहुत शौक है। उन्होंने एक इंटरव्यू में कहा था कि वे सप्ताह में तीन पिक्चर देखते हैं, क्योंकि जीवन की एकरसता में कुछ कल्पना की उड़ान जरूरी होती है। वे अपने परोपकारी कार्यों और उदारता के लिए भी जाने जाते हैं।

रिश्तों की बेल

मुकेश रिश्तों की बेल बनाने में माहिर हैं। उनके रिश्ते एक बार बन गए तो सालोसाल चलते रहते हैं। उदाहरण के लिए, अपनी छठी कक्षा में बना रिश्ता आज भी कायम है। बचपन के मित्र, आनंद जैन आज रिलायंस में 'सेज' अर्थात् इकोनॉमिक जोन से जुड़े कामों का जिम्मा सँभाल रहे हैं। इसी प्रकार, कॉलेज की पढ़ाई के पश्चात् के प्रशिक्षण काल में उनकी मुलाकात मनोज मोदी से हुई थी, जो आज रिटेल विभाग के अध्यक्ष हैं। मुकेश अनेक मित्रों को याद करते हैं, जो आज उनके साथ तो नहीं हैं, पर उनके संबंधों में कोई फर्क नहीं आया है।

> *मुकेश रिश्तों की बेल बनाने में माहिर हैं। उनके रिश्ते एक बार बन गए तो सालोसाल चलते रहते हैं। उदाहरण के लिए, अपनी छठी कक्षा में बना रिश्ता आज भी कायम है। बचपन के मित्र, आनंद जैन आज रिलायंस में 'सेज' अर्थात् इकोनॉमिक जोन से जुड़े कामों का जिम्मा सँभाल रहे हैं।*

यही स्थिति उनकी कर्मचारियों के साथ भी है। वे अपने कर्मचारियों, वेंडर्स और शेयर होल्डर्स के साथ अपने दोस्त की तरह व्यवहार करते हैं। इन सभी से उनके संबंध इस प्रकार के हैं, जैसे वे इन सभी के परिवारों के मुखिया हों और यही कारण है कि लोग उन पर भरोसा करते हैं और वफादार रहते हैं।

धन-संपदा

वे कितना कमाते हैं या उनकी धन-संपदा कितनी है ? यह सब कल्पना से परे है, क्योंकि आज उनकी तकदीर इस तेजी से बदल रही है, जिसकी कल्पना करना कठिन है। मसलन आज आपके सामने एक आँकड़ा पेश किया जाए, जो कल तक बदल जाए, उसे क्या कहिएगा ? बहरहाल, उनकी आय का प्रमुख स्रोत रिलायंस इंडस्ट्रीज लिमिटेड है, जिसके वे चेयरमैन और मैनेजिंग डायरेक्टर हैं और जिसके 43 प्रतिशत प्रतिशत से अधिक भाग

पर उनका और उनके परिवार का नियंत्रण है। इसके अतिरिक्त, कंपनी के डायरेक्टर होने के नाते उन्हें वेतन, डिविडेंड और फीस भी मिलती है। रिलायंस इंडस्ट्रियल इंफ्रास्ट्रक्चर में भी उनके 'स्टेक' हैं। वे वहाँ की गैस पाइपलाइन समेत कुछ बहुमूल्य प्राइवेट इंवेस्टमेंट के भी मालिक हैं।

मुकेश अंबानी से जो सीखना चाहिए

मुकेश की सफलता का आधार यद्यपि उनके पिता ने बनाया, लेकिन जो उन्होंने किया, वह यह था कि उन्होंने रिलायंस को दुनिया का सबसे ज्यादा चमकता सितारा बना दिया और इस अभूतपूर्व सफलता का श्रेय भी मुकेश को ही दिया जाना चाहिए। उन्होंने इस सफलता के पीछे के 'मंत्र' को स्वयं उद्घाटित किया है। इस बारे में वे क्या कहते हैं? उनकी सफल जिंदगी के अनुभवों और विचारों से हम क्या सीख सकते हैं? अपनी सफलता के 'दर्शन' के बारे में जिक्र करते हुए उन्होंने हाल ही में बताया था कि उनकी सफलता के 'दर्शन' को अमेरिका की प्रसिद्ध गायिका ओपरा विन्फ्रे की उस पंक्ति से आँका जा सकता है, जिसमें वह कहती हैं, "यदि तुम जिंदगी को इस नजरिए से देखते हो कि तुम्हारे पास क्या है, तो तुम हमेशा और पाते जाओगे और यदि तुम इस नजरिए से देखते हो कि तुम्हारे पास क्या नहीं है? तो तुम हमेशा अभाव में ही रहोगे।" तो आइए, देखते हैं, मुकेश व्यापार-उद्योग में अपनी सफलता के बारे में क्या कहते हैं—

मुकेश की सफलता का आधार यद्यपि उनके पिता ने बनाया, लेकिन जो उन्होंने किया, वह यह था कि उन्होंने रिलायंस को दुनिया का सबसे ज्यादा चमकता सितारा बना दिया और इस अभूतपूर्व सफलता का श्रेय भी मुकेश को ही दिया जाना चाहिए। उन्होंने इस सफलता के पीछे के 'मंत्र' को स्वयं उद्घाटित किया है। इस बारे में वे क्या कहते हैं?

- 'ग्राहक बॉस अर्थात् मालिक है। तुम चाहे कितनी भी ऊँचाई पर

हो, कितने भी अमीर हो, ग्राहक हमेशा तुम्हारा बॉस अर्थात् मालिक रहेगा और मुकेश सलाह देते हैं कि किसी भी उद्योग को ऐसा कोई कदम नहीं उठाना चाहिए, जो ग्राहक को नुकसान पहुँचाता हो। एक संतुष्ट ग्राहक तुम्हारा सर्वश्रेष्ठ 'विज्ञापन' है। वह तुम्हारे उद्योग को बढ़ाएगा, जबकि एक असंतुष्ट ग्राहक तुम्हारे लिए ढेर सारी मुश्किलें पैदा करेगा। इसलिए तुम्हें कोई भी निर्णय लेते समय हमेशा ग्राहक की भलाई का ध्यान रखना चाहिए।

पहले अपने लक्ष्य को निर्धारित करो, क्योंकि उद्योग/व्यापार और जीवन में तभी सफलता मिलेगी, जब लक्ष्य स्पष्ट होगा। फिर, तुम उसे प्राप्त करने के लिए अपनी पूरी शक्ति लगा दो। मुकेश ने 'नासकॉम' में भाषण देते हुए कहा था कि आगे बढ़ने के लिए लक्ष्य का होना जरूरी है।

- पहले अपने लक्ष्य को निर्धारित करो, क्योंकि उद्योग/व्यापार और जीवन में तभी सफलता मिलेगी, जब लक्ष्य स्पष्ट होगा। फिर, तुम उसे प्राप्त करने के लिए अपनी पूरी शक्ति लगा दो। मुकेश ने 'नासकॉम' में भाषण देते हुए कहा था कि आगे बढ़ने के लिए लक्ष्य का होना जरूरी है। उसके अभाव में तुम अपने मार्ग से भटक सकते हो।
- असफलता से कभी डरो मत। असफलताएँ जीवन का भाग हैं और बड़े-से-बड़े लोगों ने इनको झेला है। जब तुम्हें असफलता मिले तो उससे भागो मत, बल्कि उसका डटकर मुकाबला करो। ध्यान दो कि असफलता की शुरुआत कहाँ से हुई और उसके कारण क्या थे ? अगर तुम अपने व्यापार में आनेवाली कठिनाइयों को दूर करने में एकजुट होकर लगे रहे तो जान लो कि तुम्हारी मेहनत बेकार नहीं जाएगी।

- हमेशा सकारात्मक सोचो। आशा का दामन कभी न छोड़ो। व्यापार में, अपनी नौकरी में या जीवन के किसी भी पहलू में यदि तुम सफल होना चाहते हो तो हमेशा आशावादी बने रहो। यदि तुम आशावादी रहोगे तो तुम्हारे विचार भी सकारात्मक रहेंगे। तुम्हारे कामकाज का तरीका भी सही रहेगा और तुम्हें सफलता आसानी से मिल जाएगी। इस उपलब्धि को प्राप्त करने के लिए यह जरूरी है कि तुम अपनी आशावादी धारणा को अपने चारों ओर लोगों में फैलाओ।
- रिश्तों अथवा संबंधों पर आस्था रखो। व्यापार या जीवन एकल रहकर नहीं चल सकता। रिश्तों और भागीदारों के बिना तुम आगे नहीं बढ़ सकते, क्योंकि वे तुम्हारी सफलता में प्रत्यक्ष अथवा अप्रत्यक्ष रूप से भूमिका निभाते हैं। लेकिन यह सब आँख मूँदकर नहीं किया जा सकता। इसलिए यह भी उतना ही जरूरी है कि रिश्तों के लिए भरोसेमंद व्यक्तियों को चुनो, क्योंकि कंपनी उन्हीं की होगी और वे ही रिलायंस को बनाएँगे।

सफलता की पढ़ाई के बारे में उनका जो कहना है, उसे हम उन्हीं के शब्दों में उद्धृत करते हैं, "नौजवान के लिए मेरी पहली सीख यह है कि हमेशा कुछ 'बड़ा' सोचो और फिर अपने जीवन के उद्‌देश्य और लगन को अपने लक्ष्य से जोड़ दो। यदि तुम अपने उद्‌देश्य को पाने में एकजुट होकर लग गए तो तुम सारी कठिनाइयों को पार कर लोगे। मेरी दूसरी सीख है कि कड़ी मेहनत का दूसरा कोई विकल्प नहीं है। इससे भी जरूरी यह है कि तुम श्रेष्ठता के लिए प्रयास करो और सर्वश्रेष्ठ बनो। न केवल भारत में, बल्कि पूरी दुनिया में श्रेष्ठता हासिल करो। मेरी तीसरी और बहुत जरूरी सीख यह है कि सकारात्मक बनो और हमेशा आशावादी बने रहो। निराशा और विफलता को तिलांजलि दो। आत्मविश्वास को बनाए रखो, अपने पर भरोसा करो और इस सबके ऊपर, भारत पर भरोसा रखो, क्योंकि यह देश हर नागरिक को अपने सपने साकार करने का अवसर प्रदान करता है और मेरा मानना है कि सर्वश्रेष्ठ भारत को सामने आना अभी शेष है।"

□

प्रथम औद्योगिक महिला नीता अंबानी

कहते हैं कि व्यक्ति की सफलता में स्त्री की भूमिका होती है। जहाँ तक मुकेश का प्रश्न है, वे पहले ही सफलता की सीढ़ी चढ़ चुके थे और अनेक लोगों की धारणा थी कि उनकी पत्नी केवल एक खूबसूरत आभूषण बनकर रह जाएगी, लेकिन हुआ कुछ और। मुकेश का विवाह नीता अंबानी से हुआ। धीरूभाई ने नीता को एक सांस्कृतिक कार्यक्रम में नृत्य करते हुए देखा था। वे प्रशिक्षण प्राप्त भरतनाट्यम् नृत्यांगना थीं और धीरूभाई ने उन्हें अपने बड़े बेटे के लिए एक उपयुक्त जोड़ी के रूप में चुना था। समय गवाह है कि जैसे धीरूभाई के सभी निर्णय सही निकलते थे, उनका यह निर्णय भी सही निकला। नीता बिड़ला ग्रुप के एक अधिकारी की बेटी हैं और उनकी परवरिश मुंबई के एक मध्यवर्गीय परिवार में हुई। उन्होंने स्नातकपूर्व कॉमर्स की डिग्री प्राप्त की है। उनकी अभिलाषाएँ थीं और चाहती थीं कि वे केवल एक गृहिणी बनकर न रह जाएँ, जैसा कि अकसर मशहूर उद्योपगतियों की पत्नियाँ होती हैं। और मुकेश ने उन्हें आगे बढ़ने के लिए सभी बंधन से आजाद किया और नीता भी अपने पति के भरोसे पर पूरी तरह खरी उतरी हैं।

नीता का विवाह सन् 1985 में हुआ। विवाह के बाद उन्होंने विशिष्ट शिक्षा का डिप्लोमा प्राप्त करके कुछ वर्षों तक शिक्षिका की नौकरी की। हम भारतीयों की दूसरे के काम को देखकर निर्णय कर लेने की आदत है और नीता के साथ भी यही हुआ। विशेषकर उनके 'टीचर' के पद को लेकर लोगों का कहना था कि 'नीता' जिस परिवार की हैं, उसकी हैसियत को देखते

हुए अगर उन्हें काम भी करना है तो वह एक मामूली टीचर का काम क्यों करेंगी? किंतु मुकेश की धारणा बिल्कुल अलग थी। उनका कहना था कि नीता को पढ़ाने में यदि दिलचस्पी है तो वह उसे जारी रखें। अपने इस अनुभव को सुनाते हुए एक बार नीता ने बताया था कि 1987 में जब वे स्कूल में टीचर थीं तो क्रिकेट का 'विश्वकप' का फाइनल मैच देखने के लिए उनके एक छात्र के अभिभावकों ने उन्हें स्टेडियम का टिकट दिया, जिसको उन्होंने लेने से इनकार कर दिया और जब उनके अभिभावकों ने उन्हें वी.आई.पी. एनक्लोजर में बैठे देखा तो उन्हें अहसास हुआ कि वे क्या हैं! और केवल अपनी दिलचस्पी के कारण ही वे स्कूल में पढ़ाती हैं। रिलायंस उस क्रिकेट मैच सीरीज के प्रायोजकों में से एक था।

टीचिंग का काम ज्यादा दिन नहीं चल पाया, क्योंकि 1991 में नीता ने कठिन आई.वी.एफ. प्रेगनेंसी के बाद समयपूर्व दो जुड़वाँ बच्चों (ईशा और आकाश) को जन्म दिया, जिसके कारण उन्हें लगभग छह वर्षों का अवकाश लेना पड़ा। उसके बाद वे फिर काम के लिए तैयार हो गईं।

टीचिंग का काम ज्यादा दिन नहीं चल पाया, क्योंकि 1991 में नीता ने कठिन आई.वी.एफ. प्रेगनेंसी के बाद समयपूर्व दो जुड़वाँ बच्चों (ईशा और आकाश) को जन्म दिया, जिसके कारण उन्हें लगभग छह वर्षों का अवकाश लेना पड़ा। उसके बाद वे फिर काम के लिए तैयार हो गईं। धीरूभाई और मुकेश, दोनों ही को उनकी योग्यता पर भरोसा था, इसलिए उन्होंने नीता के जिम्मे ऐसा काम सौंपा, जिसके लिए नीता को स्वयं पर विश्वास नहीं था। काम बड़ा बेढब था अर्थात् जामनगर में रिलायंस की टाउनशिप बनाना। वहाँ रिलायंस रिफाइनिंग का विशाल कॉम्पलेक्स बन रहा था। 'मैं कैसे इसकी देखभाल करूँगी, मुझे तो इस क्षेत्र का जरा भी अनुभव नहीं है?' लेकिन रिलायंस के पितामह को उनपर विश्वास था।

लेकिन, एक बार जब नीता ने 'हाँ' की तो उन्होंने कमर कस ली। उन्होंने योजना के कामकाज में अपने को पूर्णत: व्यस्त कर लिया। सभी कार्यों

को बारीकी से परखना शुरू कर दिया। यहाँ तक कि पेड़-पौधों की पंक्तियों को टाउनशिप में कहाँ लगाया जाए, मकानों में किस आकार की खिड़कियाँ लगाई जाएँ, खेल-कूद और उद्यानों का स्वरूप क्या हो ? इन सब कार्यों की देखरेख के लिए उन्हें कार्य स्थल पर अकसर रहना पड़ता था। सप्ताह में दो से तीन बार वे टाउनशिप का दौरा करतीं। काम की प्रगति का लेखा-जोखा लेतीं। कभी-कभी उन्हें लगता भी कि कर्मचारियों के हुजूम में वे केवल एक महिला हैं और जिन्हें 'सर!' कहकर बुलाया जाता है।

इस प्रोजेक्ट के निर्माणकाल के दौरान उन्हें 'रिलायंस' की विचारधारा का ज्ञान हुआ। उन्होंने देखा कि कंपनी के लक्ष्यों को बड़ी खूबी से विभाजित किया गया था। उन्हें तीन भागों में बाँटा गया था—दीर्घकालीन, अल्पकालीन, तुरंत प्राप्त करनेवाले लक्ष्य तथा समाप्ति की अंतिम सीमा और ये सभी रिलायंस के लिए 'पवित्र' होती हैं।

इस प्रोजेक्ट के निर्माणकाल के दौरान उन्हें 'रिलायंस' की विचारधारा का ज्ञान हुआ। उन्होंने देखा कि कंपनी के लक्ष्यों को बड़ी खूबी से विभाजित किया गया था। उन्हें तीन भागों में बाँटा गया था—दीर्घकालीन, अल्पकालीन, तुरंत प्राप्त करनेवाले लक्ष्य तथा समाप्ति की अंतिम सीमा और ये सभी रिलायंस के लिए 'पवित्र' होती हैं। ये सभी लक्ष्य और सीमाएँ वास्तविक परिस्थितियों पर गहन चर्चा और पर्यवेक्षण के बाद निर्धारित की जाती हैं और फिर निर्धारित सीमा से पूर्व लक्ष्य प्राप्त करने का प्रयास किया जाता है। इसमें प्राकृतिक संकट से उत्पन्न कठिनाइयों को भी शामिल किया जाता है। यही कारण है कि रिलायंस अपनी योजनाओं को निर्धारित समय से पूर्व पूरा करता रहा है। जामनगर प्रोजेक्ट नीता के लिए पहला प्रोजेक्ट था और वह भी भीषण तूफान के कारण हुए नुकसानों के बावजूद समय से पहले पूरा हो गया। आज यह टाउनशिप पेड़ों की खूबसूरत कतारों, पार्कों और हरीतिमा के कारण विभिन्न पक्षियों का बसेरा बन गया है, जहाँ 17,000 लोगों के घर हैं और आमों की

अमराइयों में लगभग एक लाख पेड़ हैं। ये सभी प्राकृतिक सुविधाएँ टाउनशिप को एक स्वप्निल छवि प्रदान करती हैं।

सफलता एक आदत है। जिन लोगों ने इस आदत को अपना बनाया, वे जानते हैं कि वे इसे कैसे प्राप्त कर सकते हैं! उसके लिए कैसे प्लान किया जाता है? नीता उनमें से एक हैं। जामनगर में अपनी सफलता के बाद वे अपने सपनों के प्रोजेक्ट पर काम करना चाहती थीं। उनका यह प्रोजेक्ट, जिसे वे 'के-12' कहती हैं, वह शिक्षण प्रतिष्ठान की स्थापना था, जिसमें किंडरगार्टन से लेकर बारहवीं कक्षा तक पढ़ाई की व्यवस्था हो और यह वे जीरो लेवल से शुरू करना चाहती थीं। आज वही योजना धीरूभाई अंबानी इंटरनेशनल स्कूल के रूप में स्थापित है, जिसमें 1,800 छात्रों को पढ़ाने के लिए 150 शिक्षक के अतिरिक्त अन्य अनेक कर्मचारी नियुक्त हैं और यह मुंबई के सर्वश्रेष्ठ स्कूलों में से एक है। इस स्कूल में नीता के बच्चों ने भी पढ़ाई की थी।

सफलता एक आदत है। जिन लोगों ने इस आदत को अपना बनाया, वे जानते हैं कि वे इसे कैसे प्राप्त कर सकते हैं! उसके लिए कैसे प्लान किया जाता है? नीता उनमें से एक हैं। जामनगर में अपनी सफलता के बाद वे अपने सपनों के प्रोजेक्ट पर काम करना चाहती थीं।

नीता की आलोचना हुई थी कि उन्होंने साधारण और निर्धन जनता के लिए कुछ नहीं किया? उसके उत्तर में वे इस स्कूल में गरीब बच्चों को पढ़ाने के लिए शाम को स्कूल लगाया करती हैं।

ऐसा लगता है कि मुकेश नीता को उन योजनाओं में लगाते हैं, जिनमें वे स्वयं समय नहीं दे पाते और यह नीता को अपनी योग्यता को साबित करने का एक नया अवसर प्रदान कर देता है। अब तो उन्हें इस प्रकार की चुनौतियों को स्वीकार करने में दिलचस्पी हो गई है और एक चक्र-सा बन गया है। प्रत्येक नए चक्र में उनकी प्रवीणता में इजाफा देखने को मिलता है। ऐसी ही प्रखरता तब देखने को मिली, जब रिलायंस ने 'स्पोर्ट्स' की दुनिया में कदम रखा था। सन् 2008 में रिलायंस ने आई.पी.एल. (इंडियन प्रीमियर

लीग) की टीम 'मुंबई इंडियंस' को खरीदा और उसमें सचिन तेंदुलकर जैसे क्रिकेट के दिग्गज खिलाड़ी को शामिल किया। उसके बाद चैंपियनशिप मैचों में सभी को यह उम्मीद थी कि 'मुंबई इंडियंस' टीम अंततः फाइनल में विजय पताका फहराएगी, लेकिन हुआ इसके ठीक विपरीत। तेंदुलकर की टीम न केवल पहले मैच में हारी, बल्कि दूसरे में भी धड़ाम से नीचे गिरी। मुकेश को बहुत निराशा हुई और उन्होंने देखना शुरू कर दिया कि टीम को पटरी पर लाने की जिम्मेदारी किसको सौंपी जाए और अंततः इस जिम्मेदारी के लिए वे नीता के अलावा किसे चुन सकते थे?

नीता शुरू में घबराई थीं, क्योंकि 'स्पोर्ट्स' उनके लिए एकदम नया क्षेत्र था। वे इसके बारे में कुछ भी नहीं जानती थीं। लेकिन एक बार जब उन्होंने कदम रख दिया तो उन्होंने वही किया, जो उनके मन में आया। वे अपने काम में डूब गईं। प्रत्येक समस्या को बारीकी से समझा, फिर उसका निदान किया। वे अकसर टीम के कामों में लगी रहती थीं। टीम के प्रत्येक सदस्य से रिश्ता जोड़ा और इसका चमत्कार आई.पी.एल. चैंपियनशिप में दिखाई दिया। मुंबई इंडियंस ने लगातार अगली दो चैंपियनशिप जीतकर एक रिकॉर्ड बनाया। सचिन तेंदुलकर ने स्वीकार किया था कि टीम में नीता की मौजूदगी और लगन ने टीम के मनोबल पर गहरा प्रभाव छोड़ा। उन्होंने यह भी कहा कि सारा खेल टीम के सदस्यों के बीच गजब के समन्वय ने किया, जिसका श्रेय नीता को जाता है। इसका सीधा प्रभाव टीम के शानदार प्रदर्शन पर पड़ा। ऐसे एक अवसर पर मुकेश भी उपस्थित थे। इससे भी टीम के प्रत्येक सदस्य के मनोबल पर प्रभाव

नीता शुरू में घबराई थीं, क्योंकि 'स्पोर्ट्स' उनके लिए एकदम नया क्षेत्र था। वे इसके बारे में कुछ भी नहीं जानती थीं। लेकिन एक बार जब उन्होंने कदम रख दिया तो उन्होंने वही किया, जो उनके मन में आया। वे अपने काम में डूब गईं। प्रत्येक समस्या को बारीकी से समझा, फिर उसका निदान किया। वे अकसर टीम के कामों में लगी रहती थीं।

पड़ा। रिलायंस के लिए सिर्फ टीम खरीदना काफी नहीं था, उसके लिए 'जीतना' ही गौरवशाली खेल है और उसके लिए वह सबकुछ कर सकता है, जो संभव है। और अब रिलायंस ने इस क्षेत्र में दूसरे द्वार भी खोल दिए हैं, जिनमें बास्केट बॉल, टेनिस और फुटबॉल शामिल हैं। इन सबकी पृष्ठभूमि में नीता का प्रोत्साहन है। नीता का कहना है कि 'स्पोर्ट्स' और शिक्षा को एक-दूसरे से अलग नहीं किया जा सकता। दोनों को साथ-साथ चलना चाहिए। देश में स्पोर्ट्स के क्षेत्र में अवसरों के अभाव से वे खुश नहीं हैं और कहती भी हैं कि जब तक देश में खेल-कूद की सुविधाओं का अभाव रहेगा, तब तक ओलंपिक खेलों में भविष्य के विजेताओं को हम कैसे तैयार कर पाएँगे?

नीता को कला और संस्कृति, विशेषकर भारतीय कलाओं के संरक्षण में भी दिलचस्पी है। हमने पहले भी आपको बताया है कि वे भरतनाट्यम की प्रशिक्षित नृत्यांगना हैं। उन्होंने भारतीय कला को विदेशों में लोकप्रिय बनाने की दिशा में भी अनेक प्रयास किए हैं और वे यह काम रिलायंस फाउंडेशन की सहायता से करती हैं। इस संगठन ने पाँच वर्ष पूर्व शिकागो के कला प्रतिष्ठान में अंबानी परिवार के कुलदेवता 'श्रीनाथजी' की परंपरागत पिछवाई चित्रकारी की प्रदर्शनी लगाई थी। रिलायंस फाउंडेशन ने विभिन्न भारतीय कलाकारों के विदेशों में होनेवाले अनेक कार्यक्रमों को भी प्रायोजित किया है।

नीता को कला और संस्कृति, विशेषकर भारतीय कलाओं के संरक्षण में भी दिलचस्पी है। हमने पहले भी आपको बताया है कि वे भरतनाट्यम की प्रशिक्षित नृत्यांगना हैं। उन्होंने भारतीय कला को विदेशों में लोकप्रिय बनाने की दिशा में भी अनेक प्रयास किए हैं और वे यह काम रिलायंस फाउंडेशन की सहायता से करती हैं।

नीता की कला में कितनी गहरी दिलचस्पी है, यह तब पता लगा, जब उन्होंने एक विशाल कॉन्फ्रेंस हॉल में 'ट्रेवलिंग आर्ट-शो' की प्रदर्शनी के लिए

एक स्थायी केंद्र की स्थापना की। यह कॉन्फ्रेंस हॉल नीता ही ने अपने स्कूल के पास 19 एकड़ क्षेत्र में बनाया था, जिसमें विभिन्न सुविधाओं की व्यवस्था है, जिनमें 2,000 सीटों वाला थिएटर, रिटेल केंद्र, कार्यालय तथा आवास शामिल हैं।

नीता बहुत सक्रिय महिला हैं। जब वे किसी योजना में शामिल होती हैं तो वे उसके कामकाज में डूब जाती हैं और काम को पूरा करने के लिए किसी भी सीमा तक जा सकती हैं। छात्रों के अभिभावकों ने उन्हें स्कूल की छुट्टी के समय स्कूल के गेट पर खड़े देखा है, यह निश्चित करने के लिए बच्चों को कौन लेने आया है? और यही लगन उनके अन्य कामों में दिखाई देती है। मुकेश उनकी इस सक्रियता को देखकर अकसर उन्हें और जिम्मेदारी सौंप देते हैं और उन सभी जिम्मेदारियों को शिद्दत से पूरी करने में वे हमेशा जीतती हैं। कई बार उनकी यह सक्रियता उनके मानस पर बोझ बढ़ा देती है। ऐसी दशा में वे 'ध्यान-चिंतन' का सहारा लेती हैं, जिससे उन्हें नई ऊर्जा मिलती है और वे ज्यादा काम के लिए तैयार हो जाती हैं। इधर अनिल अंबानी से हुए पारिवारिक मतभेद और विभाजन के बाद से तो वे और भी सक्रिय हो गई हैं।

> *नीता बहुत सक्रिय महिला हैं। जब वे किसी योजना में शामिल होती हैं तो वे उसके कामकाज में डूब जाती हैं और काम को पूरा करने के लिए किसी भी सीमा तक जा सकती हैं। छात्रों के अभिभावकों ने उन्हें स्कूल की छुट्टी के समय स्कूल के गेट पर खड़े देखा है, यह निश्चित करने के लिए बच्चों को कौन लेने आया है? और यही लगन उनके अन्य कामों में दिखाई देती है।*

यह उनकी सक्रियता ही है कि उन्होंने कंपनी के विभिन्न कार्यक्रमों और समारोहों की जिम्मेदारी सँभाल ली है। जब 4-जी फोन सर्विस का उद्घाटन समारोह हुआ था, जिनमें 37,000 कर्मचारियों और विडियो लिंक के माध्यम से 75,000 दर्शकों ने भाग लिया था तो पूरे 'शो' की देखभाल नीता ने की

थी और आश्चर्य की बात यह है कि नए प्रोजेक्टर में रिलायंस का नाम कहीं भी नहीं दिखाई देता, यद्यपि यह सभी जानते हैं कि इसको लानेवाले कौन हैं! जब नीता से इस बदलाव का कारण पूछा गया तो उन्होंने कहा था, "अब समय आ गया है कि कंपनी पुराने युग से निकलकर 'साहस भरे नए विश्व में कदम रखे।"

नीता के कामकाज करने का तरीका खुला है। कोई भी कर्मचारी उनसे मिल सकता है, बल्कि वे स्वयं उनके कामों में शामिल होना चाहती हैं। वे प्रत्येक कार्य पर नजर रखती हैं और अपने बच्चों के लिए एक 'प्यारी माँ' की भूमिका भी उतनी ही श्रद्धा से निभाती हैं। वे भले ही रिलायंस कंपनी की 'नॉन-एक्जीक्यूटिव डायरेक्टर' हों, किंतु कर्मचारियों में वे 'भाभी' के नाम से प्रसिद्ध हैं, जो भारतीय मानस में एक मित्र की पत्नी के लिए बोला जाता है। यदि प्रसिद्ध लेखिका और प्रकाशक शोभा डे नीता को भारतीय उद्योग की प्रथम महिला कहती हैं, तो इससे बड़ा सच क्या हो सकता है?

नीता के कामकाज करने का तरीका खुला है। कोई भी कर्मचारी उनसे मिल सकता है, बल्कि वे स्वयं उनके कामों में शामिल होना चाहती हैं। वे प्रत्येक कार्य पर नजर रखती हैं और अपने बच्चों के लिए एक 'प्यारी माँ' की भूमिका भी उतनी ही श्रद्धा से निभाती हैं।

नीता अब ऐसी जिम्मेदारियाँ सँभालने लगी हैं, जो एक-दूसरे से बिल्कुल अलग होती हैं, जैसे मुंबई इंडियंस, रिलायंस फाउंडेशन, अंबानी स्कूल तथा अन्य योजनाएँ, तो इसे उनकी सक्रियता ही कहा जाएगा और वे अपने सभी कामों में बराबर का ध्यान देती हैं। उन्हीं के शब्दों में, "वे तो केवल 'स्पॉटलाइट' हैं, जबकि उनके पति 'फ्लड लाइट' हैं।"

नीता ने 2010 में 'रिलायंस फाउंडेशन की स्थापना की जिसका संचालन कंपनी द्वारा किया जाता है। इसकी गतिविधियों में शिक्षा और स्वास्थ्य प्रबंधन शामिल हैं। अकसर आलोचना होती है कि फाउंडेशन केवल उच्च वर्ग अर्थात्

बड़े लोगों के कार्यक्रमों में लगा रहा है और उसमें जनता–जनार्दन की कहीं कोई भूमिका नहीं होती ? इसके उत्तर में नीता इन आलोचकों से कहती हैं कि वे उनके 'भारत जोड़ो प्रोजेक्ट' को देखें, जो भारत के 12 राज्यों के 531 ग्रामों में शहरी और ग्रामीण जनता की आपसी दूरियाँ हटाकर उन्हें जोड़ने के काम में लगा हुआ है।

नीता एक आदर्श माँ भी हैं। वे अपने बच्चों की रुचि और 'हॉबी' में दखल दिए बगैर उनकी पूरी देखभाल करती हैं। वे बच्चों के विचारों पर ध्यान देती हैं और जब कभी बच्चे अपने जीवन में नए विचारों को अपनाना चाहते हैं तो वे उन्हें रोकती नहीं। जब अनंत ने जामनगर में एक 'पशु आश्रय केंद्र' खोलने के लिए कहा तो उन्होंने सहर्ष उसकी अनुमति प्रदान कर दी।

नीता एक आदर्श माँ भी हैं। वे अपने बच्चों की रुचि और 'हॉबी' में दखल दिए बगैर उनकी पूरी देखभाल करती हैं। वे बच्चों के विचारों पर ध्यान देती हैं और जब कभी बच्चे अपने जीवन में नए विचारों को अपनाना चाहते हैं तो वे उन्हें रोकती नहीं। जब अनंत ने जामनगर में एक 'पशु आश्रय केंद्र' खोलने के लिए कहा तो उन्होंने सहर्ष उसकी अनुमति प्रदान कर दी। दरअसल, पूरा अंबानी परिवार 'वन्य जीवन' में बहुत रूचि रखता है और दुनिया भर में 'वन्य जीवन' की सफारी में अकसर जाया करता है। उनकी प्रिय वन्य पशु सफारी बोटस्वाना का 'मोरेमी गेम रिजर्व' है।

अंबानी परिवार 27 माले के गगनचुंबी आवास 'एंटीलिया' में रहता है, जिसका निर्माण नीता की देखभाल में हुआ था। नीता कहती हैं कि जब कभी उन्हें समय मिलता है तो स्वयं खाना बनाती हैं और ईशा तो उनसे भी अच्छा खाना बनाती है। अपने पति के बारे में चर्चा करते हुए वे कहती हैं कि वे हमेशा उन्हें काम के लिए प्रोत्साहित करते रहते हैं और जब वे कभी प्रोजेक्ट में व्यस्त रहती हैं तो वे हमेशा उनके साथ खड़े नजर आते हैं। वे कहती हैं कि उनमें जो एकता है, उसको वे हमेशा महसूस करती हैं।

हमारा विचारों का आदान-प्रदान बहुत सहज रूप में होता है, क्योंकि हम एक-दूसरे के विचारों का सम्मान करते हैं। हमारे अपने सपने हैं, अपने परिवार को लेकर सपने हैं। हम चाहते हैं कि हमारे बच्चे भी हमारे कदमों पर चलें। हम उनके लिए मार्ग प्रशस्त करना चाहते हैं। जब उनसे पूछा गया कि क्या वे अपने पति के कामकाज में कभी अपना सुझाव देती हैं, तो वे बड़ी सादगी से कहती हैं कि वे नहीं समझती कि उनमें पति के कामकाज में सुझाव देने की क्षमता है, किंतु स्वीकार करती हैं कि हम दोनों ने जीवन के अनुभव से बहुत कुछ सीखा है और अपने पति से तो उन्होंने वह सब सीखा है, जो उन्हें अन्यत्र कहीं नहीं मिल सकता था। अपने पति की कौन सी विशिष्टताएँ उन्हें पसंद हैं? इस प्रश्न के उत्तर में उनका कहना है कि उनकी सादगी और उनका आशावाद उन्हें पसंद है।

नीता ने यह भी बताया कि उनके संयुक्त परिवार में वे ग्यारह बहनें थीं। ममता उनकी अपनी बहन थी, शेष सभी चचेरी बहनें थीं। हमारा एक संयुक्त परिवार था, जो शिक्षा की शक्ति और महिला-पुरुष में बराबरी के साथ स्त्री के बहुमुखी विकास पर विशेष ध्यान देता था। वे कहती हैं कि जब कभी वे अपने पीहर सांताक्रूज में होती हैं तो अपने परिवार की पुरानी यादों में खो जाती हैं। वे अपने बचपन के दिनों पर गर्व करती हैं, क्योंकि जो कुछ उन्होंने वहाँ सीखा, उसी के आधार पर हम बड़े हुए और आज वे ही मूल्य हमें प्रोत्साहित करते हैं।

नीता ने यह भी बताया कि उनके संयुक्त परिवार में वे ग्यारह बहनें थीं। ममता उनकी अपनी बहन थी, शेष सभी चचेरी बहनें थीं। हमारा एक संयुक्त परिवार था, जो शिक्षा की शक्ति और महिला-पुरुष में बराबरी के साथ स्त्री के बहुमुखी विकास पर विशेष ध्यान देता था। वे कहती हैं कि जब कभी वे अपने पीहर सांताक्रूज में होती हैं तो अपने परिवार की पुरानी यादों में खो जाती हैं।

आकाश अंबानी

आकाश का जन्म अक्तूबर 1991 में हुआ। पढ़ाई के लिए वह ब्राउन यूनिवर्सिटी गया, जहाँ उसने अर्थशास्त्र में डिग्री हासिल की और बाद में उसकी शादी हुई। उसकी पत्नी का नाम श्लोका मेहता है। उसने न्यूजर्सी स्थित प्रिंसेस यूनिवर्सिटी में एंथ्रोपोलॉजी में अध्ययन किया और बाद में लंदन स्कूल ऑफ इकोनॉमिक्स में एंथ्रोपोलॉजी में कानून की डिग्री हासिल की। मार्च, 2019 में उसका विवाह तीन दिन लंबे अत्यंत आकर्षक समारोह के रूप में आयोजित किया गया था।

आकाश का जन्म अक्तूबर 1991 में हुआ। पढ़ाई के लिए वह ब्राउन यूनिवर्सिटी गया, जहाँ उसने अर्थशास्त्र में डिग्री हासिल की और बाद में उसकी शादी हुई। उसकी पत्नी का नाम श्लोका मेहता है। उसने न्यूजर्सी स्थित प्रिंसेस यूनिवर्सिटी में एंथ्रोपोलॉजी में अध्ययन किया और बाद में लंदन स्कूल ऑफ इकोनॉमिक्स में एंथ्रोपोलॉजी में कानून की डिग्री हासिल की।

आकाश अब अपने पिता के सान्निध्य में अपने को भविष्य में रिलायंस की बागडोर सँभालने के लिए तैयार कर रहा है। जैसे-जैसे उसकी उम्र बढ़ रही है, वैसे-वैसे उसको और अधिक जिम्मेदारियाँ दी जा रही हैं। वह पहले मुंबई में रिलायंस के टेलीकॉम विभाग में भी काम कर चुका है। अभी उसकी पोस्ट 'चीफ ऑफ स्ट्रेटजी' की है। अपने पिता की तरह वह भी खेलों में दिलचस्पी रखता है और स्पोर्ट्स के समारोहों में अकसर दिखाई देता है, जिनमें आई.सी.सी. क्रिकेट 'वर्ल्ड कप' भी शामिल है। उसने लोकप्रिय 'फुटबॉल वीडियो गेम फीफा 2019' के दौरान 'जिओ सेटटॉप बॉक्स' की क्षमता का प्रदर्शन करके अपनी दक्षता दिखाई थी। आकाश को कारों को एकत्र करने का भी शौक है। उसके पास विभिन्न प्रकार की नई कारों के नए-से-नए मॉडलों का संग्रह है, जिनमें बेंटले बेटायगा, भारत की सर्वाधिक कीमती गाड़ी 'एस.यू.वी., बेंज जी-वेगन' और

'रेंज रोवर' के अतिरिक्त अन्य अनेक मॉडल हैं।

आकाश अपने पिता मुकेश को बहुत मानता है। उसके लिए वे 'हीरो' हैं। वह अपने पिता के गुणों की प्रशंसा इसलिए करता है, क्योंकि वे सर्वाधिक धनी उद्योगपति होने के बावजूद विनम्र हैं, नए विचारों का स्वागत करते हैं और हर एक व्यक्ति के साथ सम्मान सहित व्यवहार करते हैं। वे अपने पिता के महान् पदचिह्नों पर चलने की आशा करता है।

अनंत अंबानी

अनंत, जिसका जन्म 10, अप्रैल 1995 को हुआ, रोड आइलैंड स्थित ब्राउस यूनिवर्सिटी का स्नातक है। बचपन से अस्थमा का शिकार रहा है। उसके इलाज में 'स्टेरॉयड्स' का प्रयोग किया गया, जिससे उसकी भूख बढ़ गई और उसका वजन बढ़ता गया। अंततः उसने वजन घटाने की दृढ़ता दिखाई और व्यायाम तथा लंबी 'वॉक' के जरिए उसने अपना वजन घटा लिया। कहते हैं कि वह लगातार 18 किलोमीटर तक पैदल चलता था और इस प्रकार उसने 108 किलोग्राम वजन घटाया। बहुत लोग वजन घटाने के उपाय ढूँढ़ते हैं। उनके लिए यह एक अच्छा उदाहरण है।

अनंत, जिसका जन्म 10, अप्रैल 1995 को हुआ, रोड आइलैंड स्थित ब्राउस यूनिवर्सिटी का स्नातक है। बचपन से अस्थमा का शिकार रहा है। उसके इलाज में 'स्टेरॉयड्स' का प्रयोग किया गया, जिससे उसकी भूख बढ़ गई और उसका वजन बढ़ता गया। अंततः उसने वजन घटाने की दृढ़ता दिखाई और व्यायाम तथा लंबी 'वॉक' के जरिए उसने अपना वजन घटा लिया।

अनंत को कुत्तों का भी शौक है। उसके पास अपने मनपसंद कुत्तों का संग्रह है, जिनमें से एक अलास्का के ठंडे मौसम में रहनेवाले नस्ल का कुत्ता भी है, जिसके लिए अनंत ने ठंडे मौसम का एक रूम तैयार किया है, ताकि मुंबई के मौसम में वह आराम से रह सके। अनंत कीमती कारों में भी रुचि

रखता है और इन कारों को उसे चलाते हुए भी देखा गया है। उसके संग्रह में 'रॉल्स रॉयस कलीनन', 'रॉल्स रॉयस फैंटम ड्रॉपहेड कूपे', 'बी.एम.डब्ल्यू. आई. 8' तथा अन्य कारें हैं। वह अपनी माँ के रिलायंस फाउंडेशन के कार्यों में हाथ बँटाता है। हाल ही में वह अमेरिका में कोरोना से पीड़ित कर्मचारियों की सहायता में 2,60,000 अमेरिकी डॉलर दान में देने के लिए अखबारों की सुर्खियों में था। वह धार्मिक भी है और अब तक इन मंदिरों में दर्शन के लिए जा चुका है—सिद्धि विनायक मंदिर, मुंबई, तिरुपति बालाजी मंदिर, बद्रीनाथ और केदारनाथ मंदिर। वह बद्रीनाथ और केदारनाथ मंदिरों की प्रबंध कमेटियों का सदस्य भी है और तिरुपति भगवान् की सवारी के लिए उसने एक सफेद हाथी भी दान किया है। अपने बड़े भाई की तरह उसे क्रिकेट में दिलचस्पी है और अनेक मैचों में वह दिखाई भी दिया है। वह अपने पिता की टीम 'मुंबई इंडियंस' का भी प्रेमी है।

ईशा

ईशा का जन्म 23 अक्तूबर, 1991 को हुआ। उसने अपनी कॉलेज की पढ़ाई सन् 2018 में स्टेनफोर्ड ग्रेजुएट स्कूल ऑफ बिजनेस में पूरी की और आज आनंद पीरामल से विवाह करके अपना सुखी दांपत्य जीवन बिता रही है। वह रिलायंस उद्योग में भी सक्रिय योगदान करती रहती है।

ईशा का जन्म 23 अक्तूबर, 1991 को हुआ। उसने अपनी कॉलेज की पढ़ाई सन् 2018 में स्टेनफोर्ड ग्रेजुएट स्कूल ऑफ बिजनेस में पूरी की और आज आनंद पीरामल से विवाह करके अपना सुखी दांपत्य जीवन बिता रही है। वह रिलायंस उद्योग में भी सक्रिय योगदान करती रहती है।

कोकिला बेन अंबानी

कोकिला बेन मुकेश के साथ रहती हैं। उनकी शादी धीरूभाई अंबानी से 1955 में हुई थी। धीरूभाई जब व्यापार करने अदन गए थे तो उन्होंने कोकिला

बेन को वहाँ बुलाने की व्यवस्था की थी और जब वे यात्रा में थीं तब धीरूभाई ने उन्हें फोन करके बताया कि उन्होंने उनके लिए एक कार खरीदी है और उसी में वे उन्हें लेने आ रहे हैं। फिर उनसे कहा कि जरा यह तो बताओ कि कार किस रंग की होगी? कोकिला अभी सोच ही रही थीं कि धीरूभाई बोल पड़े, "अरे, सोच क्या रही हो? वह मेरे जैसे काले रंग की ही होगी।" यह था उनका प्यारभरा रिश्ता! अपने यादों के पलों को बताते हुए कोकिला बेन बोलीं, "जब कभी वे कोई नया प्रोजेक्ट शुरू करते थे, वे उनसे राय पूछते थे, हालाँकि इस बारे में वह कुछ ज्यादा जानती नहीं थीं, क्योंकि उनका अंग्रेजी का ज्ञान सीमित था। इस कमी को उन्होंने अंग्रेजी का ट्यूटर रखकर पूरा किया।" कोकिला बेन कहती हैं कि "प्रोजेक्ट के उद्घाटन पर उन्हें बुलाया जाता था और उन्हीं के हाथों से उद्घाटन भी होता था।"

अपने यादों के पलों को बताते हुए कोकिला बेन बोलीं, "जब कभी वे कोई नया प्रोजेक्ट शुरू करते थे, वे उनसे राय पूछते थे, हालाँकि इस बारे में वह कुछ ज्यादा जानती नहीं थीं, क्योंकि उनका अंग्रेजी का ज्ञान सीमित था। इस कमी को उन्होंने अंग्रेजी का ट्यूटर रखकर पूरा किया।" कोकिला बेन कहती हैं कि "प्रोजेक्ट के उद्घाटन पर उन्हें बुलाया जाता था और उन्हीं के हाथों से उद्घाटन भी होता था।"

कोकिला बेन ने एक इंटरव्यू में कहा था कि जब कभी धीरूभाई दूसरे शहर जाना चाहते तो उन्हें उस शहर के बारे में सारी जानकारियाँ एकत्र करने की जिम्मेदारी देते थे। उन्होंने याद करते हुए बताया कि जब धीरूभाई ने नया विमान खरीदा तो उन्होंने कोकिला बेन से कहा कि पहली उड़ान के लिए वे अपनी सहेलियों को बुलाएँ। और हम सब सहेलियाँ पहली उड़ान में जहाज में बैठी थीं।

उन्होंने बताया कि उनके जीवन में दो तूफान आए। पहला तब आया, जब उन्होंने अपने पति को हृदयाघात में खो दिया और दूसरा, जब उन्हें

परिवार की संपदा का बँटवारा करना पड़ा। अपने पति की स्मृति के साथ-साथ उनके लंबे दांपत्य जीवन की यादगार में 2009 में मुंबई में 'धीरूभाई कोकिला बेन अंबानी अस्पताल' की स्थापना की गई।

कोकिला बेन का धैर्य और मातृत्व प्रेम उनके न्यायपूर्ण फैसले में देखा गया, जो उन्होंने परिवार की संपदा के विभाजन से उत्पन्न संकट की घड़ी में लिया। यदि यह विभाजन न्यायपूर्ण नहीं होता तो परिवार की क्या दशा होती? यह सोचने पर हृदय काँपता है। और यह सब कोकिला बेन ने 'माँ' के प्रेम के साथ 'माँ' के आदेश के माध्यम से पूरा किया। यही नहीं, जब अनिल भारी आर्थिक संकट में पड़े थे, तब कोकिला बेन ही थीं, जिन्होंने अपने बड़े बेटे मुकेश को उसकी सहायता करने का आदेश दिया था और यह कई बार हुआ है कि कोकिल बेन ने अनिल की मदद के लिए मुकेश से कहा है और मुकेश ने भी अपनी माँ के आदेश का पालन किया है।

कोकिला बेन का धैर्य और मातृत्व प्रेम उनके न्यायपूर्ण फैसले में देखा गया, जो उन्होंने परिवार की संपदा के विभाजन से उत्पन्न संकट की घड़ी में लिया। यदि यह विभाजन न्यायपूर्ण नहीं होता तो परिवार की क्या दशा होती? यह सोचने पर हृदय काँपता है। और यह सब कोकिला बेन ने 'माँ' के प्रेम के साथ 'माँ' के आदेश के माध्यम से पूरा किया।

विमल अंबानी

इस पुस्तक में इस नाम को देखकर आप हैरान होंगे! लेकिन ऐसा कुछ भी नहीं है। विमल अंबानी मुकेश के चचेरे भाई हैं और अपने पिता के बड़े भाई रमणीक भाई के बेटे हैं। दरअसल, धीरूभाई ने जब कपड़े का व्यापार शुरू किया था तो उन्होंने अपने ब्रांड का नाम 'विमल' ही रखा था, जो बाद में चलकर 'ओनली विमल' बन गया। वर्तमान में विमल 'टावर ओवरसीज लि.' के अध्यक्ष हैं। उन्होंने यह कंपनी 24 वर्ष पहले शुरू की थी। यह कंपनी रियल एस्टेट इन्वेस्टमेंट, स्टॉक ब्रॉकरेज और स्टार्टअप इन्वेस्टमेंट

के क्षेत्रों में काम करती है। इसके अतिरिक्त, वे 'सिंटेक्स इंडस्ट्रीज लि.' के नॉन-एग्जीक्यूटिव डायरेक्टर भी हैं। विमल अन्य कंपनियों में भी डायरेक्टर के पद पर आसीन हैं। इससे पूर्व, वे रिलायंस इंडस्ट्रीज में चीफ एग्जीक्यूटिव की हैसियत से टेक्सटाइल डिवीजन को सँभाल रहे थे। यहाँ रमणीक भाई के बारे में बताना मौजू होगा कि रमणीक भाई 2014 तक रिलायंस इंडस्ट्रीज के बोर्ड में शामिल थे और 20 वर्ष तक उसी पद पर बने रहे, जिसके बाद उनका स्थान नीता अंबानी ने लिया।

अंबानी परिवार 'एंटीलिया' में

और वह जग प्रसिद्ध आवास 'एंटीलिया', अंबानी परिवार जिसमें रहता है, जो अरब सागर के सामने अवस्थित है। यह इमारत 4 लाख वर्गगज के क्षेत्रफल पर बनी है, जिसमें 27 मंजिल हैं। इस गगनचुंबी इमारत की गिनती दुनिया की सबसे कीमती इमारतों में की जाती है। इसकी पहली 6 मंजिलों में कारों की पार्किंग होती है। इसमें 50 दर्शकों के लिए एक ऑडीटोरियम है, जिसमें फिल्मों का प्रदर्शन होता है। मुकेश अंबानी 26वीं मंजिल पर रहते हैं। इमारत की देखभाल के लिए 600 कर्मचारी तथा 40 बॉडीगार्ड्स हैं। इन सभी कर्मचारियों को अच्छा वेतन मिलता है। प्रत्येक मंजिल की सुविधाओं की देखरेख के लिए एक मैनेजर नियुक्त है।

इस संपदा को लेनेवाला उत्तराधिकारी कौन होगा? बहरहाल, आज तक इस पर कोई निर्णय नहीं हुआ है। आकाश और ईशा ने कंपनी में काम करना शुरू कर दिया है। ये दोनों टेलीकॉम व्यवसाय में अधिकारी के पदों पर आसीन हैं। अनंत भी जैसे-जैसे अनुभव प्राप्त कर रहा है, वैसे-वैसे उसके लिए भी जगह बनाई जा रही है।

□

रिलायंस फाउंडेशन

औद्योगिक कंपनियाँ बड़े पैमाने पर विभिन्न उद्योगों और व्यापारों के अतिरिक्त अनेक काम करती हैं। उनका बुनियादी उद्‌देश्य पैसा कमाना होता है और यह धन वे प्रत्यक्ष अथवा अप्रत्यक्ष रूप से समाज से ही अर्जित करती हैं। इसी संदर्भ में आमतौर पर यह उम्मीद की जाती है कि ये कंपनियाँ सामाजिक दायित्व के रूप में समाज के विकास में धन लगाएँ। इसी को सी.एस.आर. अर्थात् 'कॉरपोरल सोशियल रिस्पॉन्सिबिलिटी' कहा जाता है। इसमें सभी घटकों को लाभ पहुँचता है। उदाहरण के लिए, सरकार, समाज, आम आदमी और स्वयं कंपनियाँ भी लाभान्वित होती हैं। जब सी.एस.आर. से ग्राहकों की आय में बढ़ोतरी होती है तो उसका अंततः लाभ कंपनी को ही मिलता है, क्योंकि उसके ग्राहकों की संख्या बढ़ती है। विभिन्न सर्वेक्षणों में पाया गया है कि ग्राहक उन्हीं कंपनियों के ग्राहक बनना चाहते हैं, जो कॉरपोरेट सोशियल रिस्पॉन्सिबिलिटी में शामिल होती हैं। इतनी सादी और साधारण व्याख्या के बावजूद अब तक सी.एस.आर. की सर्वसम्मत परिभाषा नहीं बन पाई है। लिहाजा, सी.एस.आर. के अंतर्गत कंपनियाँ गैर-सरकारी संगठनों अर्थात् एन.जी.ओ. को एक ही मुश्त में धनराशि की रकम दान में अथवा सहायता के रूप दे देती हैं, जो शिक्षा, आवास, स्वास्थ्य, संस्कृति, समाज कल्याण, पर्यावरण और स्वच्छता जैसे क्षेत्रों में काम कर रहे होते हैं। लेकिन इसमें राजनीतिक चंदा और समारोह आदि का प्रयोजन शामिल नहीं होता। एक अप्रैल, 2014 को सी.एस.आर. कानून लागू हुआ। उसके अनुसार,

जिन कंपनियों की लागत 500 करोड़ अथवा 1,000 करोड़ का राजस्व हो अथवा जिन कंपनियों की आय 5 करोड़ या उससे ज्यादा हो, वे गत तीन वर्षों की अपनी औसत आय की 2 प्रतिशत राशि स्वच्छता, शिक्षा, स्वास्थ्य लाभ और गरीबी उन्मूलन जैसे सामाजिक विकास संबंधी गतिविधियों में खर्च करें, जिनका विवरण कानून के सातवें परिच्छेद में दिया गया है।

रिलायंस सी.एस.आर. की अपनी जिम्मेदारी समाज के जिन विभिन्न क्षेत्रों में अपना आर्थिक अंशदान करके पूरा करता है, उनमें शिक्षा, ग्रामीण परिवर्तन, स्वास्थ्य, स्पोर्ट्स तथा खेलों का विकास, दैवीय प्रकोप, कला, संस्कृति तथा विरासत के अतिरिक्त विकास भी शामिल है और यह कार्य वह रिलायंस फाउंडेशन के माध्यम से करता है, जिसकी अध्यक्ष नीता अंबानी हैं। रिलायंस फाउंडेशन के घोषणा-पत्र में लिखा गया है, "'रिलायंस फाउंडेशन' में हमारा लक्ष्य यह है कि देश की बहुमुखी विकासोन्मुख चुनौतियों को स्वीकार कर उसकी सामूहिक अपेक्षाओं की पूर्ति करते हुए हम 'समग्र भारत' के अपने सपने को पूरा करेंगे। हमारे इस दर्शन का सारतत्त्व गरीब और अभावग्रस्त समुदायों के जीवन को सुधारने का हमारा संकल्प है, जिसे हम विभिन्न प्रकार के नए और स्थायी समाधानों के माध्यम से उनके जीवन में आर्थिक मजबूती लाकर पूरा करना चाहते हैं। हमारा प्रयास यह है कि रिलायंस की सामाजिक मूल्यों पर आधारित विचारधारा के अनुरूप समग्र विकास का एक निर्दिष्ट आकार का मॉडल तैयार करके उसे साकार करने के कार्यक्रम को एक राष्ट्रीय आंदोलन के रूप में चलाया जाए।"

रिलायंस सी.एस.आर. की अपनी जिम्मेदारी समाज के जिन विभिन्न क्षेत्रों में अपना आर्थिक अंशदान करके पूरा करता है, उनमें शिक्षा, ग्रामीण परिवर्तन, स्वास्थ्य, स्पोर्ट्स तथा खेलों का विकास, दैवीय प्रकोप, कला, संस्कृति तथा विरासत के अतिरिक्त विकास भी शामिल है और यह कार्य वह रिलायंस फाउंडेशन के माध्यम से करता है, जिसकी अध्यक्ष नीता अंबानी हैं।

रिलायंस फाउंडेशन एक व्यापक, विकासोन्मुख समग्र भारत की परिकल्पना करता है। उसका लक्ष्य नव-निर्माण में कार्यरत प्रतिष्ठानों के माध्यम से लाभकारी गतिविधियों को तैयार करना है, जिनके प्रयोग से भारत की निहायत जरूरी विकासोन्मुख चुनौतियों का निदान किया जा सके। इस संपूर्ण प्रक्रिया के लिए विकास संबंधी समाधानों के उपयोग में आनेवाली तकनीकों पर विशेष ध्यान देकर, प्रशिक्षित पेशेवर कर्मियों के माध्यम से जरूरतमंद समुदायों तक पहुँचाया जाए। पिछले कुछ वर्षों में फाउंडेशन के प्रयास विभिन्न समुदायों की बढ़ती हुई जरूरतों को पूरा करने में सफल रहे हैं। फाउंडेशन ने ऐसे विशिष्ट और अनुभवी संगठनों से भागीदारी स्थापित की है, जो चुने हुए क्षेत्रों में काम करने में उपयुक्त तकनीकी कौशल में सक्षम हैं। फाउंडेशन की गतिविधियाँ मुख्यतः पाँच क्षेत्रों में केंद्रित हैं।

रिलायंस फाउंडेशन एक व्यापक, विकासोन्मुख समग्र भारत की परिकल्पना करता है। उसका लक्ष्य नव-निर्माण में कार्यरत प्रतिष्ठानों के माध्यम से लाभकारी गतिविधियों को तैयार करना है, जिनके प्रयोग से भारत की निहायत जरूरी विकासोन्मुख चुनौतियों का निदान किया जा सके।

ये पाँच क्षेत्र हैं—

• **ग्रामीण परिवर्तन :** यह 'भारत-इंडिया जोड़ो' के तहत चलनेवाला कार्यक्रम है, जो छोटे किसानों पर केंद्रित है। इसमें सूचना सेवा कार्यक्रम भी शामिल हैं, जिनके अंतर्गत छोटे किसानों के खेतों और मछली पालन को तकनीकी सहायता प्रदान की जाती है।

• **शिक्षा :** रिलायंस फाउंडेशन 'धीरूभाई अंबानी स्कॉलशिप प्रोग्राम' के अंतर्गत सन् 1996 से मेधावी छात्र-छात्राओं को स्कॉलरशिप प्रदान कर रहा है। पहले यह कार्यक्रम महाराष्ट्र और गुजरात तक सीमित था, किंतु अब इसे राष्ट्रव्यापी बना दिया गया है। इस कार्यक्रम में विभिन्न स्कॉलरशिप प्रदान की जाती हैं। स्नातक स्तर पर 'जिओ स्कॉलरशिप' और स्कूल के विभिन्न

स्तरों के लिए 'धीरूभाई अंबानी स्कॉलरशिप'। फाउंडेशन 13 स्कूलों की सहायता करता है। जिसमें धीरूभाई अंबानी इंटरनेशनल स्कूल भी शामिल है। इसके अतिरिक्त फाउंडेशन 'लंदन स्कूल ऑफ इकोनॉमिक्स' की भागीदारी में विश्वविद्यालयों की स्थापना करता है। उसकी भावी योजना में कर्जत में एक 'जिओ इंस्टीट्यूट' स्थापित करना है।

- **स्वास्थ्य :** फाउंडेशन 'दृष्टि प्रोग्राम' नामक कार्यक्रम प्रायोजित करता है, जो नेत्रहीनों के लिए 'ब्रेल' तकनीकी भाषा में समाचार-पत्र उपलब्ध करता है। फाउंडेशन देश में सबसे बड़ा 'कोरोना ट्रांसप्लांट प्रोग्राम' भी चलाता है। इसके अतिरिक्त उसने मुंबई में 'सर एच.एन. रिलायंस फाउंडेशन अस्पताल और अनुसंधान केंद्र' को भी विकसित किया है।

- **कला, संस्कृति तथा विरासत :** फाउंडेशन भारत की सांस्कृतिक विरासत को जारी रखने के लिए 'उस्ताद जाकिर हुसैन' के पिता की स्मृति में 'अब्बाजी वार्षिक जयंती' और मुंबई में एलीफेंटा आइलैंड में 'एलीफेंटा समारोह' जैसे कार्यक्रमों को प्रायोजित करता है। फाउंडेशन ने नेत्रहीनों के लिए राष्ट्रव्यापी कला और निबंध प्रतियोगिताएँ आयोजित की हैं।

फाउंडेशन भारत की सांस्कृतिक विरासत को जारी रखने के लिए 'उस्ताद जाकिर हुसैन' के पिता की स्मृति में 'अब्बाजी वार्षिक जयंती' और मुंबई में एलीफेंटा आइलैंड में 'एलीफेंटा समारोह' जैसे कार्यक्रमों को प्रायोजित करता है। फाउंडेशन ने नेत्रहीनों के लिए राष्ट्रव्यापी कला और निबंध प्रतियोगिताएँ आयोजित की हैं।

इन गतिविधियों के अतिरिक्त, रिलायंस फाउंडेशन अनेक परोपकारी संगठनों और एन.जी.ओ. से मिलकर अनेक कार्यक्रमों का आयोजन करता है, जैसे 2012 में उसकी भागीदारी में टी.वी. शो 'सत्यमेव जयते' का आयोजन किया गया, जिसके अंतर्गत मुंबई के निर्धन एवं अनाथ बच्चों की सहायता के

लिए 'मुक्तांगन रिहैबीलिटेशन सेंटर' को आर्थिक अनुदान दिया गया।

ऐसी गतिविधियों के लिए रिलायंस फाउंडेशन ने अनेक पुरस्कार जीते हैं, जिनमें 2017 में राष्ट्रीय खेल प्रोत्साहन पुरस्कार, एक करोड़वाँ एशिया पुरस्कार, 2017 सी.एस.आर. कम्युनिटी इनीशिएटिव पुरस्कार, सी.एस.आर. एक्सीलेंस पुरस्कार, 2016 में 'बेस्ट फेरोसमेंट स्ट्रक्चर' के लिए 'बी.डी. जोशी पुरस्कार', 2016 में जल संवर्धन के लिए 'सी.एस.आर. पुरस्कार', कृषि विकास तथा सर्वोत्तम डॉक्यूमेंटरी फिल्म, 'पोटर प्राइज, 2015' तथा 'गोल्डन पीकॉक पुरस्कार' जैसे अनेक पुरस्कार शामिल हैं।

रिलायंस फाउंडेशन सी.एस.आर. में सर्वाधिक खर्च करनेवाले संगठनों में गिना जाता है और पिछले सात वर्षों से अपना यही स्थान बनाए हुए है। रिलायंस इंडस्ट्रीज में तकरीबन 76 प्रतिशत राशि शिक्षा, स्वास्थ्य और कौशल विकास जैसे कार्यक्रमों में खर्च की जा चुकी है। इसके अलावा, एक बड़ी रकम वह देश में खेल-कूद के विकास में भी लगा चुका है। फाउंडेशन को स्पोर्ट्स की शक्ति पर विश्वास है और वह यह भी जानता है कि स्पोर्ट्स का समाज पर कितना सकारात्मक प्रभाव पड़ता है। इसीलिए, वह स्पोर्ट्स के लिए व्यापक पैमाने पर एक ईकोसिस्टम विकसित करने के लिए कटिबद्ध है, जहाँ वह देश के युवाओं को प्रशिक्षित करके उन्हें उसी व्यवसाय में नौकरी के लिए तैयार करेगा।

रिलायंस फाउंडेशन के इतने कार्यों और उपलब्धियों के बावजूद ऐसी शिकायतें सुनने में आती हैं कि दुनिया और देश में रिलायंस उद्योग का जो आर्थिक स्तर है, उसको देखते हुए वह 'कॉरपोरेट सोशियल रिस्पॉन्सिबिलिटी' (सी.एस.आर.) के तहत उतना योगदान नहीं देता।

□

रिलायंस उद्योग की विकास यात्रा

रिलायंस की प्रगति और उसका विस्तार आश्चर्यजनक ही नहीं, बल्कि एक चमत्कार है। रिलायंस इंडस्ट्रीज लिमिटेड भारत के निजी क्षेत्र में भारत की सबसे बड़ी कंपनी है जिसका राजस्व देश के जी.डी.पी. का एक बड़ा प्रतिशत होता है। इसके विकास की कहानी सन् 1960 के दशक से शुरू होती है, जब धीरूभाई अंबानी ने अपने ग्राहकों से ही प्रतियोगिता करके कपड़े के उद्योग में शुरुआत करके 1966 में अपनी फैक्टरी स्थापित कर दी और अपने मूल्यों के तहत नई-से-नई आधुनिक तकनीकों का प्रयोग करके उसे सफल फैक्ट्रियों की कतार में खड़ा कर दिया। उस समय देश में कुछ ही उद्योग थे, जिन्होंने पूरी मार्केट में अपना वर्चस्व बनाया हुआ था, जिसकी वजह से धीरूभाई को अपनी फैक्टरी के कपड़ों को मार्केट में लाना मुश्किल हो गया। इस समस्या का निदान उन्होंने अपने रिटेल स्टोर खोलकर दिया। उन्होंने 'विमल' और बाद में 'ओनली विमल' के नाम से छोटे-छोटे स्टोर खोलकर अपने कपड़ों के ब्रांड बेचने शुरू कर दिए। बाद में इन स्टोरों के जरिए उन्होंने अन्य प्रकार के नए-नए फैशन के वस्त्रों की बिक्री भी शुरू कर दी। फैशन मार्केट में 'ओनली विमल' ने धूम मचा दी।

शेयर मार्केट में प्रवेश

जब धीरूभाई को अपने उद्योग के विस्तार के लिए पूँजी की आवश्यकता महसूस हुई तो उन्होंने भी परंपरागत स्रोतों की ओर देखा, जिन पर पुराने

परंपरागत व्यापारी कब्जा जमाए बैठे थे। इस विकट स्थिति को देखकर धीरूभाई से रहा नहीं गया और उन्होंने अपने उद्योग के लिए पूँजी एकत्र करने का एक नया द्वार खोल दिया। 1977 ई. में उन्होंने जनता के बीच जाकर धन एकत्र करने का फैसला किया। उसके बाद से तो हमेशा के लिए यह द्वार खुल गया। स्टॉक मार्केट के माध्यम से 2 लाख 80 हजार शेयर बेचने के लिए रिलायंस इंडस्ट्रीज ने जनता के बीच (आई.पी.ओ.) लॉन्च कर दिया और उससे 10 लाख, 28 हजार डॉलर की पूँजी एकत्र की। यह देश में अपने जमाने का सबसे बड़ा जनता से पूँजी एकत्र करने का माध्यम माना गया। यह सफलता इसलिए भी क्रांतिकारी मानी गई, क्योंकि इसने देश को विश्व पटल पर एक क्षेत्रीय औद्योगिक क्षेत्र के रूप में प्रस्तुत किया। यह धीरूभाई की मूल्यों पर निष्ठा अर्थात् साहस का प्रतीक था, जिन्होंने धन एकत्र करने के परंपरागत स्रोत को बदलकर पूँजी एकत्र करने का एक नया द्वार खोला। उसके बाद उद्योग को पीछे मुड़कर देखने की जरूरत नहीं हुई।

यह वह समय था, जब मुकेश और अनिल ने भी धीरूभाई की सफलता की कहानी में अपने नाम जोड़ दिए। इन दोनों युवकों ने उद्योग की सारी चुनौतियों को अपने सिरों पर उस समय झेला, जब धीरूभाई को पक्षाघात का दौरा पड़ा था, यद्यपि वे 2002 में अपनी मृत्यु तक रिलायंस के चेयरमैन के पद पर बने रहे थे।

यह वह समय था, जब मुकेश और अनिल ने भी धीरूभाई की सफलता की कहानी में अपने नाम जोड़ दिए। इन दोनों युवकों ने उद्योग की सारी चुनौतियों को अपने सिरों पर उस समय झेला, जब धीरूभाई को पक्षाघात का दौरा पड़ा था, यद्यपि वे 2002 में अपनी मृत्यु तक रिलायंस के चेयरमैन के पद पर बने रहे थे। समय के इस अंतराल में कंपनी ने अनेक सफलताएँ हॉसिल कीं, जिनमें 'लीनियर अलकाइल बेनजेन' उत्पादन की फैक्टरी की स्थापना, 1980 में 'पैरेक्सीलिन प्लांट' की शुरुआत और हजीरा में पेट्रोकेमिकल्स

के एक नए संयंत्र की शुरुआत शामिल हैं, जहाँ बाद में चलकर 'विनायल क्लोराइड मोनोमेर' और 'पोलीविनायल क्लोराइहड' का उत्पादन होने लगा और इस प्रकार रिलायंस कंपनी 'पोलियस्टर' तथा 'पोलीमर' मार्केट में अपना नेतृत्व कायम करने में कामयाब हुई। 1992 तक हजीरा कॉम्पलेक्स में उच्च कोटि की 'पोलीथिलीन' का व्यापक स्तर पर उत्पादन शुरू हो गया।

इंडियन पेट्रोलियम के सिरमौर का उदय

विश्व में तेल के संकट को देखते हुए सरकार ने 1976 में पेट्रोलियम सेक्टर का राष्ट्रीयकरण करके सरकारी कंपनियों के अधीन कर दिया। इन कंपनियों ने अपनी ओर से भरसक अच्छा काम किया। लेकिन देश में तेल के क्षेत्रों में तेल का उत्पादन घटने लगा, जिसकी भरपाई के लिए देश को तेल के आयात पर निर्भर होना पड़ा। उधर पेट्रोलियम की माँग भी तेजी से बढ़ने लगी।

> ***विश्व में तेल के संकट को देखते हुए सरकार ने 1976 में पेट्रोलियम सेक्टर का राष्ट्रीयकरण करके सरकारी कंपनियों के अधीन कर दिया। इन कंपनियों ने अपनी ओर से भरसक अच्छा काम किया। लेकिन देश में तेल के क्षेत्रों में तेल का उत्पादन घटने लगा, जिसकी भरपाई के लिए देश को तेल के आयात पर निर्भर होना पड़ा। उधर पेट्रोलियम की माँग भी तेजी से बढ़ने लगी।***

इस विकट स्थिति को देखते हुए रिलायंस ने असंभव में से संभव उपाय निकालने का निर्णय लिया और पेट्रोलियम क्षेत्र में प्रवेश करने के लिए 'रिलायंस रिफाइनरीज लिमिटेड' के नाम से एक सहायक कंपनी की स्थापना की। उसके लिए पूँजी एकत्र करने के लिए कंपनी ने 1993 में 'पब्लिक ऑफर' लॉन्च किया, जो उस जमाने का सबसे बड़ा आई.पी.ओ. बना। कंपनी ने अन्वेषण के साथ-साथ पेट्रोलियम प्रोडक्ट्स के विकास और उसकी मार्केटिंग की योजना बनानी शुरू कर दी। मार्केटिंग के लिए लगभग एक हजार सर्विस केंद्रों की स्थापना करने की योजना बनाई

गई। इन तमाम विकास योजनाओं के लिए पूँजी एकत्र करने के कार्यक्रम में कंपनी ने देश में उपलब्ध वित्तीय स्रोतों में उपयोग के साथ-साथ पहली बार विदेशी मार्केट से पूँजी एकत्र करने का निर्णय लिया। इसके तहत कंपनी ने लक्समबर्ग में 'ग्लोबल डिपॉजिटरी रिसिप्ट इशू' जारी किए। कंपनी ने यह पहल करके प्रतीक्षा नहीं की और 1994 में एक दूसरा जी.डी.आर. इशू जारी करके सफलता हासिल कर ली। इस नई पूँजी से कंपनी ने पेट्रोकेमिकल के प्लांट में विस्तार के साथ हजीरा में विश्व में सबसे बड़े 'मल्टीफीड' संयंत्र की स्थापना की। इसके अतिरिक्त, कंपनी ने मोनोएथिलिन ग्लाइकोल, पॉलिथिलीन तथा प्यूरीफाइड हेराफ्थलिक एसिड के उत्पादन संयंत्रों की स्थापना की। इन सभी नई यूनिटों में 1998 में उत्पादन शुरू हो गया।

> ***पेट्रोलियम रिफाइनिंग में रिलायंस के प्रवेश का अवसर 1997 में आया, जब भारत का तेल उद्योग लगभग ठप होने के कगार पर पहुँच गया था। अन्वेषण कार्य को आगे बढ़ाने और वर्तमान उत्पादन का विस्तार करने के लिए सरकार के पास न तो इतनी पूँजी थी और न ही उसके पास नई-नई तकनीकों से युक्त साधन थे।***

पेट्रोलियम रिफाइनिंग में रिलायंस के प्रवेश का अवसर 1997 में आया, जब भारत का तेल उद्योग लगभग ठप होने के कगार पर पहुँच गया था। अन्वेषण कार्य को आगे बढ़ाने और वर्तमान उत्पादन का विस्तार करने के लिए सरकार के पास न तो इतनी पूँजी थी और न ही उसके पास नई-नई तकनीकों से युक्त साधन थे। ऐसी स्थिति में सरकार के पास पेट्रोलियम क्षेत्र को मुक्त करने के अलावा दूसरा कोई उपाय नहीं था। इसी वर्ष रिलायंस ने जामनगर (गुजरात) में दुनिया के सबसे बड़े और सबसे आधुनिक पेट्रोलियम रिफाइनिंग कॉम्पलेक्स के निर्माण की घोषणा की, जिस पर लगभग 60 करोड़ डॉलर खर्च होने का अनुमान था। सरकार ने रिलायंस को पेट्रोलियम का आयात इंडियन ऑयल की मार्फत नहीं, बल्कि सीधे करने की भी अनुमति

प्रदान कर दी, जिसके परिणामस्वरूप रिलायंस को बड़े पैमाने पर अपना ऑपरेटिंग खर्च घटाने की सुविधा मिल गई।

जामनगर कॉम्पलेक्स अपने नियत समय से पूर्व पूरा हो गया और योजनानुसार 1999 में चालू भी हो गया। कॉम्पलेक्स की उत्पादन क्षमता इंडियन रिफाइनरी की क्षमता से दोगुनी से भी अधिक थी। उसकी गिनती विश्व के पाँच कॉम्पलेक्सों में की जाती थी। इस कॉम्पलेक्स के जुड़ जाने से रिलायंस कंपनी अब देश के निजी क्षेत्र की कंपनियों में सबसे ऊँचे स्थान पर पहुँच गई थी। सन् 2002 में रिलायंस पेट्रोलियम 'रिलायंस उद्योग' का एक अंग बन गई और इस प्रकार रिलायंस का नाम देश की निजी और सार्वजनिक क्षेत्र की तीन बड़ी कंपनियों में शामिल हो गया।

जामनगर कॉम्पलेक्स अपने नियत समय से पूर्व पूरा हो गया और योजनानुसार 1999 में चालू भी हो गया। कॉम्पलेक्स की उत्पादन क्षमता इंडियन रिफाइनरी की क्षमता से दोगुनी से भी अधिक थी। उसकी गिनती विश्व के पाँच कॉम्पलेक्सों में की जाती थी। इस कॉम्पलेक्स के जुड़ जाने से रिलायंस कंपनी अब देश के निजी क्षेत्र की कंपनियों में सबसे ऊँचे स्थान पर पहुँच गई थी।

रिलायंस ने अपने शैशव काल से ही कच्चे माल की निरंतर पूर्ति का जो साधन और पुख्ता इंतजाम किया था, उसी के फलस्वरूप उसके औद्योगिक उत्पादन की रफ्तार में बेपनाह तरक्की हुई और थोड़े ही अरसे में उसने रिलायंस को निजी क्षेत्र की कंपनियों में सबसे ऊपर के स्थान पर पहुँचा दिया। अब उसके आगे केवल एक सार्वजनिक क्षेत्र की 'इंडियन ऑयल कंपनी' रह गई थी। रिलायंस की पेट्रोकेमिकल डिवीजन सभी तकनीकी सुविधाओं से संपन्न है। इसमें अन्वेषण और उत्पादन के अतिरिक्त रिफाइनिंग और मार्केटिंग भी शामिल हैं। रिफाइनिंग के नाम पर उसके पास जामनगर स्थित दुनिया का सबसे बड़ा आधुनिक रिफाइनिंग कॉम्पलेक्स है। और जहाँ तक

मार्केटिंग का प्रश्न है, उसके पास 1,000 सर्विस केंद्रों की एक बड़ी श्रृंखला है। पेट्रोकेमिकल्स के उत्पादन में पॉलीमर्स, पोलिस्टेयर तथा पोलियस्टर के सह-उत्पाद भी शामिल हैं। इन सभी केमिकल्स का प्रयोग बुनियादी रूप से पोलियस्टर कपड़ों के निर्माण में किया जाता है। सन् 2004 में रिलायंस द्वारा 'ट्रेविरा' को अंगीकृत करने के पश्चात् कंपनी अब पोलियस्टर कपड़ा उद्योग में विश्व की प्रमुख कंपनियों में शामिल हो गई है। उसका पोलियस्टर कपड़े का सालाना उत्पादन 25 करोड़ मीटर हो गया है। कंपनी के कपड़ों की रेंज में 'अक्रीलिक्स' जैसे कपड़े के साथ रेडीमेड कपड़ों की श्रृंखला भी शामिल है। इन सभी कपड़ों की बिक्री देश भर में स्थित कंपनी के स्टोरों में की जाती है।

रिलायंस पर अकसर यह आरोप लगाया जाता है कि उसकी औद्योगिक संपन्नता सन् 1970 और 80 के दशक में लाइसेंस राज के दौरान हुई, जिसमें उसने हेरा-फेरी के माध्यम से अपने को आर्थिक रूप से मजबूत बनाया। यह कोई छिपी बात नहीं है कि धीरूभाई ने उद्योग शुरू करते ही सरकार और सत्ता प्राप्त प्राधिकरणों से अपने रिश्ते कायम किए थे, जो उनके कामकाज की बुनियादी नीतियों में से एक थी। और वे यह रिश्ते कायम करनेवाले अकेले उद्योगपति नहीं थे, बल्कि उस समय के सभी औद्योगिक घराने इसी नीति का अनुसरण करते थे।

रिलायंस पर अकसर यह आरोप लगाया जाता है कि उसकी औद्योगिक संपन्नता सन् 1970 और 80 के दशक में लाइसेंस राज के दौरान हुई, जिसमें उसने हेरा-फेरी के माध्यम से अपने को आर्थिक रूप से मजबूत बनाया। यह कोई छिपी बात नहीं है कि धीरूभाई ने उद्योग शुरू करते ही सरकार और सत्ता प्राप्त प्राधिकरणों से अपने रिश्ते कायम किए थे, जो उनके कामकाज की बुनियादी नीतियों में से एक थी।

बहरहाल, यहाँ यह भी समझ लेना जरूरी है कि लाइसेंस राज सबके लिए

था, सिर्फ रिलायंस के लिए ही नहीं था। और फिर, उद्योग का केवल लाइसेंस मिल जाने से ऐसा नहीं होता कि शेष सभी काम अपने आप हो जाएँगे! जबकि ज्यादा जरूरी यह होता है कि उद्योग लगाने के बाद उसे समय पर पूरा किया जाए। उद्योग के लिए पूँजी की व्यवस्था, शेयर होल्डरों का विश्वास प्राप्त करने के अलावा माल की बिक्री जैसी चुनौतियों का डटकर सामना करना होता है। तब जाकर सफलता की राह पर चल सकने लायक बनते हैं। केवल लाइसेंस मिल जाने से काम नहीं बनता, बल्कि इस स्पर्धा की दुनिया में आपको हरदम तैयार रहना पड़ता है। नीतियों का सही रूप से अनुसरण करना पड़ता है। अपने उत्पाद की गुणवत्ता और अपने व्यवहार को बनाए रखना पड़ता है, तभी आप अपनी लोकप्रियता की भी आशा कर सकते हैं।

एक बात और, रिलायंस ने जितनी तरक्की लाइसेंस राज के बाद के वर्षों में की है, उतनी लाइसेंस राज के दौरान नहीं की। एक बार अनिल अंबानी ने कहा भी था, "मैं जनता से रिश्ता कायम करने में कोई नुकसान नहीं समझता, चाहे वह मेरा ग्राहक हो, मेरा वेंडर हो, मेरा शेयर होल्डर हो या फिर सत्ता में बैठा अधिकारी हो, जिसे मैं समझता हूँ कि अपना केस समझाना जरूरी है।"

एक बात और, रिलायंस ने जितनी तरक्की लाइसेंस राज के बाद के वर्षों में की है, उतनी लाइसेंस राज के दौरान नहीं की। एक बार अनिल अंबानी ने कहा भी था, "मैं जनता से रिश्ता कायम करने में कोई नुकसान नहीं समझता, चाहे वह मेरा ग्राहक हो, मेरा वेंडर हो, मेरा शेयर होल्डर हो या फिर सत्ता में बैठा अधिकारी हो, जिसे मैं समझता हूँ कि अपना केस समझाना जरूरी है।"

रिलायंस ने अपना निर्माण उन सभी लोगों के विश्वास पर स्थापित किया है, जो उससे संबद्ध हैं, चाहे वे ग्राहक हो, वेंडर हो, पूँजी निवेश करनेवाले हों या ऋणदाता हों। सभी के विश्वास के बल पर वह आगे बढ़ता है। रिलायंस बड़े गर्व से कहता है कि आज तक किसी ने यह शिकायत नहीं की है कि

रिलायंस ने उसकी देनदारी को पूरा नहीं किया। अनिल अंबानी ने एक बार बड़े विश्वास के साथ कहा भी था, "कोई नहीं कह सकता कि हम किसी का पैसा लेकर भाग गए।"

कंपनी ने अपनी विकास-यात्रा उन बुनियादी मूल्यों के आधार पर जारी रखी है, जो रिलायंस के पितामह धीरूभाई ने रिलायंस के चरित्र में अंकित किए थे।

लाइसेंस राज में लाइसेंस का मिल जाना तभी एक सफल कहानी की शुरुआत हो सकती है, जब उस लाइसेंस पर स्थायी उद्योग की स्थापना की जा सके और यह तभी संभव है जब आपके पास विभिन्न निपुण एवं दक्ष व्यक्तियों को एकत्र करने के साधन हों। इन निपुणताओं में योग्यता-पोषण, लक्ष्य प्राप्त करने के लिए एक टीम का गठन और उद्योग चलाने के लिए पूँजी की व्यवस्था जैसे काम शामिल होते हैं। जब मुकेश ने रिलायंस में काम करना शुरू किया था, तब उन्होंने देखा था कि सभी उद्योग कुछ तथाकथित विशेषज्ञों की मनगढ़ंत सलाहों पर चलते हैं। यह सब एक प्रकार की बंद प्रणाली थी।

लाइसेंस राज में लाइसेंस का मिल जाना तभी एक सफल कहानी की शुरुआत हो सकती है, जब उस लाइसेंस पर स्थायी उद्योग की स्थापना की जा सके और यह तभी संभव है जब आपके पास विभिन्न निपुण एवं दक्ष व्यक्तियों को एकत्र करने के साधन हों। इन निपुणताओं में योग्यता-पोषण, लक्ष्य प्राप्त करने के लिए एक टीम का गठन और उद्योग चलाने के लिए पूँजी की व्यवस्था जैसे काम शामिल होते हैं।

मुकेश ने इस प्रणाली का बाकायदा अध्ययन किया और इसके बाद अपने विचारों को विकसित किया, क्योंकि तब तक धीरूभाई ने उन्हें केमिकल क्षेत्र में अपना उद्योग स्थापित करने की पूरी छूट दे दी थी। पर्याप्त अध्ययन के बाद उन्होंने निर्णय किया कि कुछ भी शुरू करने से पहले उन्हें विभिन्न स्तरों पर काम करनेवाले कर्मचारियों का विश्वास प्राप्त करने की जरूरत है और

अपने पिता की सीख के अनुरूप पूँजी को उद्योग के भविष्य और योग्यता को पोषित करने में लगाना है। उन्होंने उस जमाने की औद्योगिक व्यवस्था को तिलांजलि देकर उद्योग से जुड़े सभी लोगों को विश्वास में लिया और अपनी फैक्टरी में 'एस.ओ.पी.' और 'एस.ओ.सी.' की व्यवस्था को लागू किया। एस.ओ.पी. का अर्थ था 'स्टैंडर्ड ऑपरेटिंग प्रोसीजर' यानी स्थायी परिचालन प्रणाली और 'एस.ओ.सी.' यानी 'स्टैंडर्ड ऑपरेटिंग कंडीशंस' अर्थात् स्थायी परिचालन की परिस्थितियाँ। इसका फायदा यह हुआ कि परिचालन कर्मचारियों को काम करने से पहले सभी बातों की जानकारी हो गई, जिसके परिणामस्वरूप उनमें उद्योग के प्रति एक अपनेपन का भाव पैदा होने लगा, जो संगठित टीम बनाने में एक आवश्यक अवलंब साबित हुआ।

> *यह रिलायंस की एक बुनियादी नीति रही है कि वह हमेशा 'योग्यता' को पोषित करने में अपने साधन लगाता है। इसका लाभ तब मिलता है, जब वह विस्तार के लिए विभिन्न क्षेत्रों में कदम रखता है, जैसा कि आज देखा जा सकता है। रिलायंस का दूसरा बुनियादी सिद्धांत अंतरराष्ट्रीय स्पर्धा में क्षमता हासिल करना है। वह विशेषज्ञों पर एक सीमा तक ही निर्भर रहना चाहता है।*

यह रिलायंस की एक बुनियादी नीति रही है कि वह हमेशा 'योग्यता' को पोषित करने में अपने साधन लगाता है। इसका लाभ तब मिलता है, जब वह विस्तार के लिए विभिन्न क्षेत्रों में कदम रखता है, जैसा कि आज देखा जा सकता है। रिलायंस का दूसरा बुनियादी सिद्धांत अंतरराष्ट्रीय स्पर्धा में क्षमता हासिल करना है। वह विशेषज्ञों पर एक सीमा तक ही निर्भर रहना चाहता है। वह विशेषज्ञों का प्रयोग अपने कर्मचारियों को प्रशिक्षण देने में करता है और अपनी खुद की टीम का निर्माण करता है। उदाहरण के लिए, रिलायंस ने 1980 में अमेरिकी कंपनी 'द पोंट' के विशेषज्ञों को 'कॉन्ट्रेक्ट' पर बहाल किया और उनके नीचे काम करने के लिए अपने 25 युवा मैनेजरों को लगा दिया, ताकि वे उन विशेषज्ञों से

काम करने का तरीका, योजना बनाने की विधि और उन्हें केमिकल प्रक्रिया में लागू करने का ज्ञान प्राप्त कर सकें। इस संपूर्ण प्रक्रिया से उद्योग का प्रमुख कार्यकारी अधिकारी सुनिश्चित हो जाता है कि वह विश्व की श्रेष्ठतम तकनीकी प्रक्रियाओं के अनुरूप कौन से विचारों का प्रयोग करे!

इस 'खुली परिचालन प्रणाली' का एक प्रमुख लाभ योग्यता के स्थायित्व में दिखाई देता है, क्योंकि 'योग्य' कर्मचारी सोचता है कि उसने जो सीखा है, उस पर भी काम करना शेष है और यहाँ काम करने की स्वतंत्रता है। 'निर्णय' करने का अधिकार प्राप्त कर लेने से 'जिम्मेदारी' का भाव पैदा होता है; अपने में सुधार लाने की चाहत बढ़ती है। इन सब परिवर्तनों का अंतत: कंपनी को लाभ मिलता है।

इस 'खुली परिचालन प्रणाली' का एक प्रमुख लाभ योग्यता के स्थायित्व में दिखाई देता है, क्योंकि 'योग्य' कर्मचारी सोचता है कि उसने जो सीखा है, उस पर भी काम करना शेष है और यहाँ काम करने की स्वतंत्रता है। 'निर्णय' करने का अधिकार प्राप्त कर लेने से 'जिम्मेदारी' का भाव पैदा होता है; अपने में सुधार लाने की चाहत बढ़ती है। इन सब परिवर्तनों का अंतत: कंपनी को लाभ मिलता है।

मुकेश के विचारों में 1980-90 के दशकों में भारतीय उद्योग अपनी संपूर्ण योग्यता को अपने उद्योग के निर्माण, कच्चे माल की सप्लाई और बिक्री जैसी बुनियादी जरूरतों पर लगाए हुए था, जबकि रिलायंस इन सभी जरूरतों के अलावा विभिन्न क्षेत्रों के लिए योग्यता संग्रह करने जैसे महत्त्वपूर्ण विषय पर भी उतना ही ध्यान दे रहा था। इसका लाभ तब दिखाई दिया, जब रिलायंस कठिन दौर से गुजर रहा था। उस समय इन कंपनियों ने अपना उत्पादन बनाए रखा, जब रिलायंस ने दूसरे क्षेत्रों में कदम रखना शुरू कर दिया। मुकेश स्वीकार करते हैं कि चूँकि रिलायंस इतना सक्षम हो चुका था कि जब उसने दूसरे क्षेत्रों में उद्योग स्थापित करना शुरू किया, तब उसे किसी प्रकार की कोई भी दिक्कत महसूस नहीं हुई और रिलायंस के

प्रतियोगी रिलायंस की इन विशिष्टताओं का आकलन नहीं कर पाए।

1985 का दशक रिलायंस के लिए कठिन दौर था। कंपनी के 'टॉप मैनेजमेंट' में तीन व्यक्ति थे : धीरूभाई, रसिक भाई और मुकेश। 1985 में रसिक भाई का देहांत हो गया। अगले वर्ष फरवरी में धीरूभाई को पक्षाघात का दौरा पड़ा। अब पूरी जिम्मेदारी मुकेश के कंधों पर आ पड़ी। अनिल भी थे, किंतु वह भी इस क्षेत्र में नए थे। इन दोनों दुर्घटनाओं के समय कंपनी में लागत लगानेवालों और ऋणदाताओं से संबंध मधुर थे। लेकिन इन दुर्घटनाओं ने स्थिति में परिवर्तन कर दिया, जैसा कि हम पहले भी कह चुके हैं कि इन लोगों ने अपना पैसा माँगना शुरू कर दिया, यद्यपि वह समय उन्हें देनदारी का नहीं था। स्थिति 'करो या मरो' की हो गई। मुकेश ने सोचा कि अब तक कंपनी उसके पिता के विश्वास पर टिकी हुई थी, जो उन्होंने अपने लागत लगाने और ऋण देनेवालों में कायम किए थे, मुकेश को भी उस विश्वास को पुनः स्थापित करना होगा। मुकेश ने उन सभी पैसा माँगनेवालों को उनका पैसा वापस करना शुरू कर दिया और इसका परिणाम शीघ्र ही दिखाई देने लगा। जो लोग रिलायंस के 'डूबने' की भविष्यवाणी कर रहे थे, वही रिलायंस एक दोगुने विश्वास के साथ उठ खड़ा हुआ। ऋणदाताओं ने जो रुपया लिया था, उसे वापस कर दिया। न केवल यह, बल्कि उन्होंने जरूरत पड़ने पर और भी पैसा देने का विश्वास दिलाया। उधर, पाँच महीनों में धीरूभाई के स्वास्थ्य में सुधार हो गया। उन्होंने अपना काम शुरू कर दिया और रिलायंस में सबकुछ पहले जैसा स्थिर हो गया।

1985 का दशक रिलायंस के लिए कठिन दौर था। कंपनी के 'टॉप मैनेजमेंट' में तीन व्यक्ति थे : धीरूभाई, रसिक भाई और मुकेश। 1985 में रसिक भाई का देहांत हो गया। अगले वर्ष फरवरी में धीरूभाई को पक्षाघात का दौरा पड़ा। अब पूरी जिम्मेदारी मुकेश के कंधों पर आ पड़ी। अनिल भी थे, किंतु वह भी इस क्षेत्र में नए थे।

मुकेश ने उस दौर को याद करते हुए कहा कि उस कठिन घड़ी में भी उनके मस्तिष्क में कोई तनाव नहीं था, क्योंकि उनकी परिचालन प्रणाली नितांत खुली हुई थी। यदि वह प्रणाली 'बंद' होती तो उन्हें परेशानी से गुजरना पड़ता, क्योंकि तब संभव था कि रिलायंस से 'योग्य' और 'निपुण' व्यक्तियों का पलायन हो सकता था। किंतु खुली प्रणाली में कर्मचारियों और मैनेजरों को यह मालूम था कि विशेष परिस्थिति में उन्हें क्या करना है! इससे मुकेश को बहुत भरोसा हुआ। इस विकट स्थिति में उन्होंने धैर्य बनाए रखा, अपने पर विश्वास डिगने नहीं दिया। आवश्यक कार्यों पर ध्यान दिया। और उसका परिणम पूरे उद्योग जगत् ने देखा, जबकि यह आम धारणा थी कि रिलायंस सिस्टम को केवल मैनेज करता है और यह कि उसके पास अपनी योग्य टीम नहीं है। लेकिन 'रिलायंस' ने उनकी इस धारणा को धराशायी कर दिया।

मुकेश ने उस दौर को याद करते हुए कहा कि उस कठिन घड़ी में भी उनके मस्तिष्क में कोई तनाव नहीं था, क्योंकि उनकी परिचालन प्रणाली नितांत खुली हुई थी। यदि वह प्रणाली 'बंद' होती तो उन्हें परेशानी से गुजरना पड़ता, क्योंकि तब संभव था कि रिलायंस से 'योग्य' और 'निपुण' व्यक्तियों का पलायन हो सकता था।

रिलायंस के सामने एक दूसरी चुनौती 1990 के दशक में आई, जब सरकार ने आर्थिक उदारीकरण की नीति अपनाई। अनेक भारतीय कंपनियों को लगा कि वे विदेशी बाजारों में आधुनिक तकनीकी से युक्त कंपनियों का मुकाबल कैसे कर पाएँगी? किंतु रिलायंस के लिए इस क्षेत्र में कोई समस्या नजर नहीं आई, क्योंकि वह शुरू से आधुनिक तकनीकों का प्रयोग करती आ रही थी और अपनी परिचालन व्यवस्था को अंतरराष्ट्रीय स्तरों के अनुकूल बनाकर रखे हुए थी। रिलायंस ने अपने आधुनिकीरण की प्रक्रिया को 1980 में ही शुरू कर दिया था, जब कस्टम ड्यूटी 300 प्रतिशत थी। उस स्थिति में भी रिलायंस पोलियस्टर व्यापार में कोरिया और ताइवान जैसे देशों

से मुकाबला करता रहा था, जिनका इस क्षेत्र में वर्चस्व था।

मुकेश स्मरण करते हुए कहते हैं कि लाइसेंस राज में भी अनेक बंधन और सीमाओं के होने के बावजूद रिलायंस ने पोलियस्टर की उत्पादन क्षमता को 75,000 टन तक पहुँचा दिया था।

आर्थिक उदारीकरण ने अनेक अवसरों के द्वार खोल दिए। कस्टम दर सन् 1995 तक घटकर पहले 150 प्रतिशत तक हुई और बाद में घटकर 10 प्रतिशत रह गई और यही रिलायंस के लिए सुनहरा अवसर बन गया, क्योंकि उनके पास अंतरराष्ट्रीय स्तर के बराबर का नव-निर्माण का ढाँचा पहले ही तैयार था और अब तो सारी सीमाओं में ढील हो चुकी थी। कस्टम दर घटने से सबसे ज्यादा लाभ रिलायंस को ही हुआ, जैसा कि मुकेश ने अपने ही शब्दों में बताया, "हम तो 300 प्रतिशत की कस्टम दर पर भी अंतरराष्ट्रीय बाजार की स्पर्धा में शामिल होना चाहते थे, लेकिन जब कस्टम दर घटकर 30 प्रतिशत से भी कम हो गई तो रिलायंस को अंतरराष्ट्रीय बाजार में खुलकर कदम रखना और भी आसान हो गया।"

आर्थिक उदारीकरण ने अनेक अवसरों के द्वार खोल दिए। कस्टम दर सन् 1995 तक घटकर पहले 150 प्रतिशत तक हुई और बाद में घटकर 10 प्रतिशत रह गई और यही रिलायंस के लिए सुनहरा अवसर बन गया, क्योंकि उनके पास अंतरराष्ट्रीय स्तर के बराबर का नव-निर्माण का ढाँचा पहले ही तैयार था और अब तो सारी सीमाओं में ढील हो चुकी थी।

रिलायंस द्वारा पोषित 'योग्यता' का फायदा यह हुआ कि उसे नए प्रोजेक्ट्स शुरू करने में कोई कठिनाई नहीं हुई, क्योंकि उसके पास योग्य और दक्ष कर्मचारियों की कमी नहीं थी। मुकेश गर्व से कहते हैं कि बड़ी-से-बड़ी कंपनियों को भी अपने विस्तार अथवा नए प्रोजेक्ट शुरू करते समय योग्य व्यक्तियों की कमी पड़ जाती है। इस समस्या का निदान तभी हो सकता है, जब कंपनियाँ रिलायंस की तरह भविष्य पर नजर रखकर आवश्यक 'योग्यता'

को संग्रह करके उसे पुष्ट रखने के लिए पहले से ही तैयारी करती रहें।

बहुत कुछ मन की धारणा पर निर्भर करता है। रिलायंस के समक्ष अनेक ऐसी कंपनियाँ थीं, जो अंतरराष्ट्रीय स्तर पर अच्छा काम कर रही थीं। रिलायंस उनके मॉडल का अनुसरण करके अंतरराष्ट्रीय स्पर्धा की दौड़ में भाग नहीं लेना चाहती थी। इसलिए हमने सीधे अंतरराष्ट्रीय कंपनियों को, उनके द्वारा प्रयोग किए जानेवाले मॉडलों और कार्य परिचालन को देखना शुरू किया और उनसे विशेष रूप से अमेरिकी कंपनियों से 'डाटा', आँकड़ों, मानकों के अतिरिक्त आवश्यक सूचना एकत्र करना शुरू किया। यद्यपि तब तक 'इंटरनेट' का युग शुरू नहीं हुआ था, फिर भी इन तकनीकी सूचनाओं को प्राप्त करने में अधिक कठिनाइयों का सामना नहीं करना पड़ा, क्योंकि अमेरिका लोकतांत्रिक देश होने के कारण वहाँ व्यापार पर कोई प्रतिबंध नहीं था। हाँ, इतना जरूर था कि यह 'डाटा' नि:शुल्क नहीं था और कभी-कभी उसके लिए बड़े पैमाने पर धन खर्च करना पड़ता था, लेकिन रिलायंस को यह 'खर्च' नहीं, बल्कि 'लागत' लगती थी, क्योंकि उससे रिलायंस की विचारधारा को सही दिशा मिलती थी और मन की यह धारणा ही लीक से हटकर नया मार्ग प्रशस्त करती है। उदाहरण के लिए, रिलायंस ने सार्वजनिक औद्योगिक प्रतिष्ठानों के अनेक मैनेजरों को नियुक्त किया। ये मैनेजर सार्वजनिक प्रतिष्ठानों में कामकाज में सुस्त और ढीले होने के कारण बदनाम थे, लेकिन वही मैनेजर रिलायंस में अपने कान में न केवल चुस्त और दुरुस्त हो गए, बल्कि कई मैनेजरों ने तो सफलता के कीर्तिमान स्थापित किए। मुकेश के.के. मल्होत्रा को अपना गुरु मानते हैं। मल्होत्रा एक सार्वजनिक उद्योग में कार्यरत थे। उन्होंने 1985 में

> *बहुत कुछ मन की धारणा पर निर्भर करता है। रिलायंस के समक्ष अनेक ऐसी कंपनियाँ थीं, जो अंतरराष्ट्रीय स्तर पर अच्छा काम कर रही थीं। रिलायंस उनके मॉडल का अनुसरण करके अंतरराष्ट्रीय स्पर्धा की दौड़ में भाग नहीं लेना चाहती थी।*

रिलायंस में नौकरी शुरू की। यहाँ आकर उनके कार्य कौशल को देखकर मुकेश उनसे प्रभावित हुए और उन्हें अपना 'गुरु' मानने लगे। योग्यता के संरक्षण और संवर्धन में रिलायंस की 'दूर दृष्टि' शुरू से ही बहुत स्पष्ट रही है। वह इस बुनियादी सिद्धांत पर विश्वास करता आया है कि साधारण-से-साधारण कर्मचारी आश्चर्यजनक उपलब्धि हासिल करने में सफल हो सकता है, यदि उसके समक्ष कार्यविधि का एक आदर्श मार्ग प्रशस्त किया जा सके। मुकेश को गर्व है कि उन्होंने एक उद्योग के बाद दूसरे उद्योग में यही किया है और इस प्रगति में उन्होंने अब 'योग्य' व्यक्तियों को संरक्षित और संवर्धित करने में दक्षता प्राप्त कर ली है।

सर्वश्रेष्ठ कार्यप्रणाली अथवा कार्य परिचालन पर अनेक पुस्तकें लिखी गई हैं। असंख्य शोध-पत्र लिखे गए हैं और समय-समय पर आज भी लिखे जाते हैं। इन सभी पुस्तकों और शोध-पत्रों को पढ़कर सर्वोत्तम कार्यप्रणाली अथवा प्रक्रिया सीखकर और उसे अपनाकर सफलता प्राप्त की जा सकती है।

सर्वश्रेष्ठ कार्यप्रणाली अथवा कार्य परिचालन पर अनेक पुस्तकें लिखी गई हैं। असंख्य शोध-पत्र लिखे गए हैं और समय-समय पर आज भी लिखे जाते हैं। इन सभी पुस्तकों और शोध-पत्रों को पढ़कर सर्वोत्तम कार्यप्रणाली अथवा प्रक्रिया सीखकर और उसे अपनाकर सफलता प्राप्त की जा सकती है। लेकिन बात तब अटकती है कि पढ़ी-लिखी और सीखी विधाओं को व्यवहार में कैसे लाया जाए? आमतौर पर पढ़ाई और व्यवहार के बीच के अंतर में ही सफलता का सूत्र छिपा होता है। यदि इस अंतर को भर दिया जाए तो सफलता निश्चित रहती है और यही रिलायंस की सफलता का रहस्य है। सर्वोत्तम कार्यप्रणालियों और परिचालन प्रक्रियाओं का बारीकी से अध्ययन किया गया। फिर उसे कंपनी के लक्ष्यों से जोड़कर देखा गया और तब दुबारा अध्ययन के पश्चात् फैसला किया गया कि फैक्टरी के शॉप फ्लोर पर क्या होगा और मार्केट में क्या होगा? इन सभी पहलुओं के सम्मिश्रण के पश्चात् ही एक

समग्र सामाजिक परिचालन प्रक्रिया तैयार की जानी चाहिए। अंततः सफलता तब ही मिलती है, जब विभिन्न प्रकार की प्रक्रियाओं, प्रणालियों और विधियों को एक लाइन में, लक्ष्यों से जोड़कर यह तय किया जाए कि पहला कदम क्या होगा? यहाँ यह भी सुनिश्चित कर लेना चाहिए कि इस तमाम प्रक्रिया में यदि कोई भूल-चूक रह जाए तो इससे पहले कि वह उत्पादन में कोई नुकसान पहुँचा सके, उसे तुरंत दुरुस्त कर देने की पूरी व्यवस्था है। रिलायंस ने भविष्य की औद्योगिक स्पर्धा का अनुमान पहले से ही कर लिया था और इसलिए उसने उपर्युक्त सभी सामरिक योजनाओं पर काम करना शुरू कर दिया था, जिसका परिणाम आज पूरी दुनिया के सामने है।

सन् 2000 तक रिलायंस के पास अपने बुनियादी कपड़े के व्यवसाय को छोड़कर अन्य किसी औद्योगिक क्षेत्र में विकेंद्रीकरण करने की कोई योजना नहीं थी। कपड़ा उद्योग में विकेंद्रीकरण या यूँ कहें, कच्चे माल की स्थायी पूर्ति की आवश्यकता के कारण ही रिलायंस को पोलियस्टर, कहिए या प्लास्टिक, रिफाइनरी तथा तेल व गैस जैसे विभिन्न उद्योगों में कदम रखने पड़े।

विकेंद्रीकरण

सन् 2000 तक रिलायंस के पास अपने बुनियादी कपड़े के व्यवसाय को छोड़कर अन्य किसी औद्योगिक क्षेत्र में विकेंद्रीकरण करने की कोई योजना नहीं थी। कपड़ा उद्योग में विकेंद्रीकरण या यूँ कहें, कच्चे माल की स्थायी पूर्ति की आवश्यकता के कारण ही रिलायंस को पोलियस्टर, कहिए या प्लास्टिक, रिफाइनरी तथा तेल व गैस जैसे विभिन्न उद्योगों में कदम रखने पड़े।

सन् 1990 के अंतिम दशक तक रिलायंस इन क्षेत्रों में अच्छे स्थान पर पहुँच चुका था और चूँकि पूँजी की आवक अच्छी थी, लिहाजा उद्योग को और बढ़ाने की अच्छी गुंजाइश थी। अब, यह आर्थिक लाभ दो मार्गों को खोलता था। पहला मार्ग, वर्तमान उद्योग को और बढ़ाया जाए, क्योंकि वह एक लंबे समय तक चलनेवाला, अर्थात् भविष्य का व्यवसाय है और कंपनी

की नीति के अनुसार रिलायंस हमेशा भविष्य के उद्योगों पर पूँजी लगाता आया है। यह मार्ग वर्तमान व्यवसाय को विशाल रूप देकर कंपनी को अंतरराष्ट्रीय विश्व के औद्योगिक पटल पर खड़ा कर देगा। और दूसरा मार्ग विकेंद्रीकरण का था अर्थात् दूसरे क्षेत्रों में अपना कदम रखना और रिलायंस ने इसी मार्ग को चुना और इस प्रकार 'इन्फोकॉम' का जन्म हुआ।

'इन्फोकॉम' को शुरू करने पर लोगों को ताज्जुब हुआ, क्योंकि सन् 1990 के आरंभ में जब देश में 'इनफोर्मेशन टेक्नोलॉजी' युग की शुरुआत हुई थी और उसे भविष्य के उद्योग के रूप में देखा जाने लगा था; और वह भी तब, जब मुकेश अमेरिका की 'सिलिकॉन वैली' में पढ़ाई कर रहे थे और स्वयं आई.टी. के भविष्य को नजदीक से देख रहे थे—तब रिलायंस इस दौड़ में भाग लेने से चूक गया था। उस समय रिलायंस अपने उद्योग के विभिन्न क्षेत्रों में अपनी क्षमता को बढ़ाने में व्यस्त था। ऐसे में ध्यान के बँट जाने का भय था। दूसरे, दो नावों में पैर रखना, कुछ पाने के लालच में सबकुछ खो देना भी हो सकता था। इसलिए, प्रशासन ने उस अवसर को अपने लिए उपयुक्त न मानकर अपना कदम नहीं बढ़ाया। और फिर, उस समय आई.टी. की शुरुआत जीरो स्तर से करनी पड़ती, जिसके लिए एक भारी रकम चाहिए थी और रिलायंस उस समय यह जोखिम उठाने के लिए तैयार नहीं था। जैसा कि मुकेश ने अपने शब्दों में स्थिति का वर्णन करते हुए कहा, "हमने अपने शरीर पर खूब सारा साबुन लगा लिया था और

'इन्फोकॉम' को शुरू करने पर लोगों को ताज्जुब हुआ, क्योंकि सन् 1990 के आरंभ में जब देश में 'इनफोर्मेशन टेक्नोलॉजी' युग की शुरुआत हुई थी और उसे भविष्य के उद्योग के रूप में देखा जाने लगा था; और वह भी तब, जब मुकेश अमेरिका की 'सिलिकॉन वैली' में पढ़ाई कर रहे थे और स्वयं आई.टी. के भविष्य को नजदीक से देख रहे थे—तब रिलायंस इस दौड़ में भाग लेने से चूक गया था।

हम उस समय केमिकल उद्योग में ही नहाना चाहते थे।" उस समय मुकेश आई.टी. को लेकर दिग्भ्रमित थे। एक बार तो उन्होंने 'माइक्रोसॉफ्ट' के साथ मिलकर 'संयुक्त कदम' उठाने के लिए एक समझौते पर हस्ताक्षर भी कर दिए, लेकिन फिर कदम पीछे हटा लिये और अपना ध्यान अपने काम पर केंद्रित कर लिया।

रिलायंस ने लंबी छलाँग के लिए अधिक समय तक इंतजार नहीं किया। 1990 के दशक तक उसने कपड़ा और प्लास्टिक उद्योग में नाम कमा लिया था। यह वह समय था, जब रिलायंस ने विकेंद्रीकरण पर ध्यान देना शुरू किया और यह काम भी उसे तुरंत शुरू करना पड़ा, क्योंकि 'डाऊ केमिकल्स' ने घोषणा कर दी थी कि अब वह प्लास्टिक का निर्माण 'ई कोली' से करने जा रहा है।

रिलायंस ने लंबी छलाँग के लिए अधिक समय तक इंतजार नहीं किया। 1990 के दशक तक उसने कपड़ा और प्लास्टिक उद्योग में नाम कमा लिया था। यह वह समय था, जब रिलायंस ने विकेंद्रीकरण पर ध्यान देना शुरू किया और यह काम भी उसे तुरंत शुरू करना पड़ा, क्योंकि 'डाऊ केमिकल्स' ने घोषणा कर दी थी कि अब वह प्लास्टिक का निर्माण 'ई कोली' से करने जा रहा है। यह खबर रिलायंस के लिए चिंता का विषय बन गई, क्योंकि उसका उनके प्लास्टिक उद्योग पर विपरीत प्रभाव पड़नेवाला था। इसलिए, तुरंत कदम उठाने की जरूरत थी। ऐसे समय में रिलायंस ने 'बायोटेक' उद्योग से प्रवेश किया और इसके लिए उसने बायोटेक संयंत्र को स्थापित करने का निर्णय भी कर लिया, क्योंकि धीरूभाई को कृषि क्षेत्र में नए अवसर दिखाई दिए थे। उनका कहना था कि कृषि भविष्य का उद्योग होगा।

रिलायंस ने विकेंद्रीकरण के एक भाग के रूप में जनसंचार के क्षेत्र में भी प्रवेश किया और सेलुलर लाइसेंस प्राप्त करने के लिए प्रयास शुरू कर दिए, लेकिन बाद में चलकर यह विचार आया कि असली फायदा केवल जनसंचार

में प्रवेश से नहीं, बल्कि जनसंचार और सूचना दोनों के समन्वय में है और यही कारण था कि रिलायंस ने इस क्षेत्र को 'इन्फोकॉम' का नाम दिया। यह कंपनी के लिए बिल्कुल नया क्षेत्र था। कंपनी ने इस नई चुनौती का मुकाबला करने के लिए नियत समय में योग्य व्यक्तियों को एकत्र करना और अपने कर्मचारियों को प्रशिक्षित करना शुरू कर दिया। और इसका परिणाम आज सभी के सामने है।

टेली कम्युनिकेशन में रिलायंस

जब मुकेश और अनिल के बीच 'रिलायंस' का विभाजन हुआ, तब 'रिलायंस इन्फोकॉम' मुकेश के हिस्से में आया। मुकेश टेली कम्युनिकेशन को भविष्य के उद्योग के रूप में देखते थे और इस क्षेत्र में तुरंत प्रवेश करना चाहते थे, किंतु समझौते में 'नॉन कंपीट' का परिच्छेद था, जो दोनों भाइयों को ऐसे उद्योग में प्रवेश को अवरुद्ध करता था, जो एक-दूसरे के विरुद्ध स्पर्धा पैदा करनेवाला हो। सन् 2010 में अनिल अपने 'पावर प्लांट' को विकसित करने के लिए संघर्ष कर रहे थे और इसके लिए वह बड़े भाई से गैस की सहायता चाहते थे और इसीलिए यह कहा जाता है कि उस समझौते में से 'नॉन कंपीट' परिच्छेद को हटाया गया।

जब मुकेश और अनिल के बीच 'रिलायंस' का विभाजन हुआ, तब 'रिलायंस इन्फोकॉम' मुकेश के हिस्से में आया। मुकेश टेली कम्युनिकेशन को भविष्य के उद्योग के रूप में देखते थे और इस क्षेत्र में तुरंत प्रवेश करना चाहते थे, किंतु समझौते में 'नॉन कंपीट' का परिच्छेद था, जो दोनों भाइयों को ऐसे उद्योग में प्रवेश को अवरुद्ध करता था, जो एक-दूसरे के विरुद्ध स्पर्धा पैदा करनेवाला हो।

सन् 2016 तक मोबाइल फोन भारत की केवल आधी जनसंख्या के पास था। इसका सीधा अर्थ था कि मोबाइल के क्षेत्र में प्रगति की असीमित संभावनाएँ थीं और मुकेश इसका

लाभ उठाना चाहते थे और यह भी चाहते थे कि कुछ ऐसा करके दिखाएँ, जिससे सारे प्रतियोगी चौंक उठें। उन्होंने बहुत ही सस्ती दर पर 'जिओ' को लॉन्च कर दिया और नतीजा यह हुआ कि छोटे उद्योगपतियों को अपने ग्राहक को रोके रखना मुश्किल हो गया। उद्घाटन समारोह में बोलते हुए मुकेश ने कहा था, "मोबाइल इंटरनेट' इस शताब्दी में हमारे देश में 'एकल' तकनीक होगी, जो मानव विकास में नए आयामों के द्वार खोलेगी···देश के एक सौ बीस करोड़ भारतीयों के बीच 'मोबाइल ब्रॉड बैंड क्रांति' लाने के लिए हम अपने आप को भाग्यशाली मानते हैं।"

यहाँ एक दिलचस्प बात यह थी कि 'जिओ' का बुनियादी 'वायरलैस स्पेक्ट्रम' रिलायंस ने नहीं खरीदा था, बल्कि उसकी खरीदार एक छोटी कंपनी 'कन्फोटेल बॉडबैंड सर्विस लि.' थी, जिसे खरीदारी के कुछ ही घंटों बाद रिलायंस ने अंगीकृत कर लिया था। तीन वर्ष भी नहीं बीते थे कि 'राष्ट्रीय टेली कम्युनिकेशन रेगुलेटर' ने अपने नियमों में परिवर्तन करके स्पेक्ट्रम में 'वॉयस कॉल' और 'डाटा' को भी शामिल कर दिया, जिससे रिलायंस को तगड़ा लाभ मिला। यदि यह स्थिति 'स्पेक्ट्रम' की नीलामी के समय रहती तो उसका मूल्य बढ़कर लगभग 533 मिलियन डॉलर होता, जबकि लेखा परीक्षकों के पूर्व अनुमान में मूल्यों में यह अंतर 3.6 बिलियन डॉलर का आँका गया। इन आँकड़ों से यह स्पष्ट हो जाता है कि रिलायंस को मूल्यों में कितना लाभ हुआ! इस सबके बावजूद रिलायंस ने सुनिश्चित किया कि 'जिओ स्पेक्ट्रम' में सरकारी नियमों के पालन में कोई उल्लंघन न हो।

> ***यहाँ एक दिलचस्प बात यह थी कि 'जिओ' का बुनियादी 'वायरलैस स्पेक्ट्रम' रिलायंस ने नहीं खरीदा था, बल्कि उसकी खरीदार एक छोटी कंपनी 'कन्फोटेल बॉडबैंड सर्विस लि.' थी, जिसे खरीदारी के कुछ ही घंटों बाद रिलायंस ने अंगीकृत कर लिया था।***

जैसा कि शुरू से ही स्पष्ट था कि रिलायंस 'टेलीकॉम मार्केट' में वर्चस्व हासिल करेगा, जहाँ पहले से लगभग एक दर्जन प्रतियोगी थे। उसका प्रमुख

उद्देश्य जनता को ग्राहक बनाना था, भले ही इसके लिए उसे कुछ हानि उठानी पड़े। लेकिन ग्राहकों की बढ़ती हुई संख्या का लाभ तो मिलना ही था और जिस तेजी से नकदी की आवक बढ़ती जा रही थी, वह संकेत था कि रिलायंस ने जो रिस्क लिया, वह गलत नहीं था; क्योंकि जनता ने देखा कि शुरू में जिओ की सेवा लगभग नि:शुल्क ही थी। समय ने दिखा दिया कि रिलायंस की टेलीकॉम में शुरुआत गलती नहीं थी, क्योंकि रिलायंस शीघ्र ही पूरी मार्केट पर छा गया। यह उसके प्रतियोगियों को रास नहीं आया, क्योंकि मार्केट में उनका टिके रहना मुश्किल हो गया। 'जिओ' की सर्विस 'फ्री' थी, जिसके साथ 'फ्री मोबाइल' तथा शुल्क के नाम पर सात रुपए प्रति 'बाइट'। इसके अतिरिक्त, 'फ्री वॉयस कॉल' जैसी ढेरों सुविधाओं के कारण टेलीकॉम मार्केट में शुल्क को लेकर घमासान मच गया। प्रतियोगियों ने 'जिओ' पर 'लूटने' का आरोप लगाया, जिसका रिलायंस ने खंडन किया। और यह भी देखा गया कि इस विकेंद्रीकरण का अन्य उद्योगपतियों के साथ-साथ अनिल अंबानी पर विपरीत प्रभाव पड़ा। कइयों ने कहा कि मुकेश ने अपने भाई से बदला लिया है; जबकि कुछ लोगों का कहना था कि अपनी सफलता के बाद वह अपने भाई की नई कंपनी के बढ़ने के लिए उपयुक्त स्थान बना रहा है। लेकिन इस कदम से अनिल को इतना नुकसान हुआ कि उसे 2019 में 'बैंकरप्सी' का केस फ़ाइल करना पड़ा।

समय ने दिखा दिया कि रिलायंस की टेलीकॉम में शुरुआत गलती नहीं थी, क्योंकि रिलायंस शीघ्र ही पूरी मार्केट पर छा गया। यह उसके प्रतियोगियों को रास नहीं आया, क्योंकि मार्केट में उनका टिके रहना मुश्किल हो गया। 'जिओ' की सर्विस 'फ्री' थी, जिसके साथ 'फ्री मोबाइल' तथा शुल्क के नाम पर सात रुपए प्रति 'बाइट'।

इस बार भी मुकेश ने अपने भाई की मदद के लिए हाथ बढ़ाया, लेकिन यह मदद बिना शर्त नहीं थी। इस बार उसकी शर्त थी कि मुंबई स्थित

कार्यालय भवन उसे 99 वर्ष की लीज पर मिल जाए और अनिल अपना कार्यालय अन्यत्र बनाए। कहा जाता है कि लीज का यह कागज अनिल को दिखाए बगैर मुकेश के हितैषियों ने तैयार किया था, यद्यपि उसमें अनिल द्वारा कहे गए वाक्यों को दिखाया गया था।

कृषि क्षेत्र में भविष्य

धीरूभाई ने बहुत पहले से कृषि के क्षेत्र में भविष्य की संभावनाओं को देख लिया था। उन्होंने अपना उद्योग कपड़े से शुरू किया, जो स्वयं में एक कृषिजन्य उत्पाद है। वे इसी क्षेत्र में अपने उद्योग को फैलाना चाहते थे। किंतु भारत में कृषि के क्षेत्र की समस्याएँ विचित्र थीं और अन्य देशों, विशेष रूप से अमेरिका की समस्याओं से बिल्कुल अलग थीं, जिसने कृषि क्षेत्र को बड़े पैमाने पर आर्थिक उपार्जन के एक बड़े स्रोत के रूप में परिवर्तित कर दिया था। इसके विपरीत, भारत की आर्थिक प्रणाली को इस क्षेत्र को अर्थ उपार्जन की स्थायी श्रृंखला के रूप में विकसित करने का अवसर नहीं मिला, जो किसानों और कृषि से जुड़े अन्य क्षेत्रों के लिए नए-नए अवसर प्रदान करती है। देश के जी.डी.पी. अर्थात् सकल घरेलू उत्पाद में कृषि का अंशदान केवल 28 प्रतिशत है, जबकि इस क्षेत्र में रोजगार 60 प्रतिशत है। इसका सीधा अर्थ यह है कि इस क्षेत्र में रोजगार में लगे किसानों की पूरी शक्ति का उपयोग नहीं हो पा रहा है। यह तभी संभव हो सकेगा, जब हमारे कृषि उत्पादन के मानकों

धीरूभाई ने बहुत पहले से कृषि के क्षेत्र में भविष्य की संभावनाओं को देख लिया था। उन्होंने अपना उद्योग कपड़े से शुरू किया, जो स्वयं में एक कृषिजन्य उत्पाद है। वे इसी क्षेत्र में अपने उद्योग को फैलाना चाहते थे। किंतु भारत में कृषि के क्षेत्र की समस्याएँ विचित्र थीं और अन्य देशों, विशेष रूप से अमेरिका की समस्याओं से बिल्कुल अलग थीं, जिसने कृषि क्षेत्र को बड़े पैमाने पर आर्थिक उपार्जन के एक बड़े स्रोत के रूप में परिवर्तित कर दिया था।

के स्तर को अंतरराष्ट्रीय मानकों के स्तर तक पहुँचाया जाए। इसका अर्थ यह हुआ कि संपूर्ण क्षेत्र में, विशेषकर कृषि के मार्केटिंग क्षेत्र में, व्यावहारिक मार्ग अपनाना होगा। कृषि पैदावार करनेवाले किसान को बाजार में जाकर स्वयं अपनी उपज को बेचने की सुविधा मुहैया करानी होगी और इसके लिए उन्हें भी अपनी पैदावार की गुणवत्ता को बढ़ाना होगा। दरअसल, सच्चाई यह है कि हमारे अनेक कृषिजन्य उत्पाद अंतरराष्ट्रीय मानकों तक नहीं पहुँच पाते। कारण यह है कि हमारे किसान खादों के प्रयोग में अंतरराष्ट्रीय मानकों को नहीं मानते और रासायनिक खाद तथा कीटाणुनाशक दवाओं के आसान तरीके अपनाते हैं।

भारत में कृषि क्षेत्र की एक बड़ी समस्या यह है कि खेती की जमीन छोटे-छोटे टुकड़ों में बँटी है और समय के साथ खेती के ये टुकड़े और छोटे होते जाते हैं, जिनमें से अनेक परती या बंजर भूमि में बदल जाते हैं। रिलायंस ने अपने अध्ययन में पाया कि खेती के टुकड़ों को टेक्नोलॉजी के माध्यम से एक सूत्र में बाँध एकमुश्त यूनिट का आधार दिया जा सकता है।

भ ्त में कृषि क्षेत्र की एक बड़ी समस्या यह है कि खेती की जमीन छोटे-छोटे टुकड़ों में बँटी है और समय के साथ खती के ये टुकड़े और छोटे होते जाते हैं, जिनमें से अनेक परती या बंजर भूमि में बदल जाते हैं। रिलायंस ने अपने अध्ययन में पाया कि खेती के टुकड़ों को टेक्नोलॉजी के माध्यम से एक सूत्र में बाँध एकमुश्त यूनिट का आधार दिया जा सकता है।

रिलायंस कृषि के सभी जरूरी पहलुओं का अध्ययन करके कुछ निष्कर्षों पर पहुँचा है, जैसे भारत की क्रय शक्ति खाद्य पदार्थों पर टिकी हुई है। खाद्य पदार्थों पर सबसे ज्यादा खर्च होता है। शिक्षा पर खर्च उसके बाद आता है। विश्व में खाद्य का बाजार बहुत बड़ा है। सॉफ्टवेयर बाजार से भी बड़ा है। और ध्यान देने की बात यह कि यह व्यवस्था विदेश में एक साधारण किसान के हाथ में सारा धन पहुँचाती है, जो दूर-दराज के गाँव में बैठा है,

लेकिन जरा उसकी क्रय शक्ति का अंदाजा लगाइए कि धन उसके पास है! अपने गाँव में बैठा वह ऐश और आराम से रहता है। पक्के घर में टेलीविजन, रेफ्रिजरेटर जैसी सारी सुविधाएँ हैं। जब साधारण किसान के हाथ में पैसा होता है तो बाजार फलता-फूलता है। यह तो हमने भारत में भी छोटे पैमाने पर देखा है। फसल की कटाई के बाद बाजार की बिक्री बढ़ जाती है। मान लीजिए कि किसान की यह आय पूरे वर्ष बरकरार रहे तो बाजार कितना बढ़ेगा? बाजार के साथ-साथ उससे जुड़े क्षेत्रों में धन की आवक बढ़ेगी। अंततः देश की आर्थिक शक्ति को बढ़ाने में इसकी भूमिका महत्त्वपूर्ण हो जाएगी, क्योंकि इस संपूर्ण प्रणाली के परिचालन के लिए लोगों की आवश्यकता होगी और इस प्रकार रोजगार के नए-नए अवसर पैदा होंगे।

रिलायंस के अध्ययन में पैदावार की वितरण प्रणाली कृषि की सबसे बड़ी समस्या के रूप में प्रस्तुत हुई, जिसका निदान वितरण प्रक्रिया में नए-नए अवसरों को तलाशने से किया जा सकता है और यदि यह संभव हो जाए तो जाहिर है कि यह क्षेत्र बड़े पैमाने पर फायदा पहुँचा सकता है। इन सुधारों को लागू करने के लिए बहुत बड़ी रकम, अर्थात् लगभग 25,000 करोड़ की आवश्यकता होगी।

रिलायंस के अध्ययन में पैदावार की वितरण प्रणाली कृषि की सबसे बड़ी समस्या के रूप में प्रस्तुत हुई, जिसका निदान वितरण प्रक्रिया में नए-नए अवसरों को तलाशने से किया जा सकता है और यदि यह संभव हो जाए तो जाहिर है कि यह क्षेत्र बड़े पैमाने पर फायदा पहुँचा सकता है। इन सुधारों को लागू करने के लिए बहुत बड़ी रकम, अर्थात् लगभग 25,000 करोड़ की आवश्यकता होगी। रिलायंस को यह भी आभास हुआ कि इस बड़ी रकम को एकत्र करना भी आसान काम नहीं होगा, क्योंकि यदि लागत लगानेवालों को यह ध्वनित हो जाए कि वितरण का एक प्रभावशाली दूसरा समानांतर नेटवर्क भी स्थापित किया जा सकता है तो आपके सारे प्रयासों

पर पानी फिर सकता है, क्योंकि इसका ज्वलंत उदाहरण हिंदुस्तान लीवर है। उसने भी कृषि के 'रिटेलिंग क्षेत्र' में पहल की थी और वह बुरी तरह फेल हुआ। इसलिए रिलायंस इस उदाहरण को नजरअंदाज नहीं कर सकता था। उसने अध्ययन में पता लगाने की कोशिश की कि हिंदुस्तान लीवर किस विशिष्ट बिंदु पर फेल हुआ और उसे पता लगा कि हिंदुस्तान लीवर ने 'कॉन्ट्रेक्ट' के स्थान पर 'कॉन्टेक्ट' फार्मिंग पर ध्यान दिया। दोनों शब्दों के अर्थ में फर्क होता है।

भारतीय कृषि उत्पाद को विश्व के बाजार में अंतरराष्ट्रीय मानकों के स्तर पर प्रतियोगात्मक मूल्यों पर बेचने के लिए न केवल संपूर्ण परिचालन में आमूलचूल परिवर्तन की आवश्यकता होगी, बल्कि अनेक नई प्रक्रियाओं को भी लागू करना होगा। भारत में खेतों का आकार छोटा होता है, जबकि अमेरिका में उनका आकार विशाल है, जहाँ लागत के मापदंड पैदावार में सहायक की भूमिका निभाते हैं; किंतु भारत में कृषि उत्पाद की कीमत कम होती है और विश्व बाजार में केवल मानक स्तर के उत्पादों की माँग होती है और इसके लिए विश्व बाजार का खरीददार एक अच्छी रकम खर्च करने को तैयार रहता है। रिलायंस ने अपने अध्ययन में पाया कि आलू जैसे साधारण उत्पाद को उत्तर भारत का किसान 4 से 5 रुपए प्रति किलो के हिसाब से बेचता है, जबकि मध्य-पूर्व के देशों में इसका 'होलसेल' मूल्य 25 से 30 रुपए, अमेरिका में 90 रुपए और यूरोप में 110 रुपए होगा। यदि भारतीय आलू की किस्म को बेहतर बनाकर अंतरराष्ट्रीय बाजार में बेचने लायक बनाने में पैसा भी खर्च किया जाए तो भी भारत में इसका मूल्य दुगने से ज्यादा नहीं हो सकता और अंतरराष्ट्रीय बाजार में वह

भारतीय कृषि उत्पाद को विश्व के बाजार में अंतरराष्ट्रीय मानकों के स्तर पर प्रतियोगात्मक मूल्यों पर बेचने के लिए न केवल संपूर्ण परिचालन में आमूलचूल परिवर्तन की आवश्यकता होगी, बल्कि अनेक नई प्रक्रियाओं को भी लागू करना होगा।

तब भी घाटे का सौदा रहेगा। लिहाजा, इस पूरी समस्या का हल केवल एक है और वह यह है कि अपना उत्पाद सही मानकों पर बने और अंतरराष्ट्रीय बाजार में उसे स्वीकृति मिले।

रिलायंस के अध्ययन के निष्कर्षों में से एक यह भी था कि भारत में कुछ ऐसी विशिष्ट परिस्थितियाँ मौजूद हैं, जिनके बल पर वह विश्व बाजार में अपने कृषिजन्य उत्पाद को लेकर धाक जमा सकता है। इन विशिष्ट परिस्थितियों में जो तथ्य शामिल हैं, उनमें भारत में विशाल पैमाने पर उपजाऊ भूमि की उपलब्धता, साल के नौ महीने सूर्य की धूप का मिलना और सिंचाई की व्यवस्था का मौजूद होना। इन सुविधाओं के बल पर एक भारतीय किसान को केवल अपनी पैदावार को अंतरराष्ट्रीय मानकों तक पहुँचाना है और इस क्षेत्र में रिलायंस एक बड़ी भूमिका निभा सकता है। उसे करना यह होगा कि वह पैदावार को लेकर उसकी प्रामाणिकता और पर्यवेक्षण के बाद उसे विश्व के बाजारों में बेचने के लिए उसको वर्गीकृत करे, ठीक उसी प्रकार जैसे साधारण सब्जी बेचनेवाला अपनी पैदावार का वर्गीकरण करके उसके विभिन्न मूल्य तय करता है। इसके लिए जरूरी है कि इस कार्य को बड़े पैमाने पर हाथ में लिया जाए और यह भी निर्णय किया जाए कि यह कार्य किसान के स्तर पर किया जाए या आगे चलकर दूसरे किसी स्तर पर किया जाए? इसके बाद इन तमाम क्रियाओं पर, जैसे पैदावार की खरीद पर, उसकी उपयोगिता तथा प्रामाणिकता पर खर्च का आकलन किया जाए।

रिलायंस के अध्ययन के निष्कर्षों में से एक यह भी था कि भारत में कुछ ऐसी विशिष्ट परिस्थितियाँ मौजूद हैं, जिनके बल पर वह विश्व बाजार में अपने कृषिजन्य उत्पाद को लेकर धाक जमा सकता है। इन विशिष्ट परिस्थितियों में जो तथ्य शामिल हैं, उनमें भारत में विशाल पैमाने पर उपजाऊ भूमि की उपलब्धता, साल के नौ महीने सूर्य की धूप का मिलना और सिंचाई की व्यवस्था का मौजूद होना।

कृषिजन्य उत्पाद की प्रमुख समस्या उसकी खराब होकर नष्ट होने की प्रवृत्ति होती है। जहाँ तक अनाज और दालों का प्रश्न है, यह समस्या उतनी प्रभावशाली नहीं होती, क्योंकि उन्हें साधारण कंडीशन में भी गोदामों में रखा जा सकता है। इसके विपरीत, फल और सब्जियों के लिए स्थायी सुरक्षा की जरूरत पड़ती है, क्योंकि यदि उनके लिए रेफ्रिजरेटर और ढुलाई की स्थायी व्यवस्था नहीं हुई तो उनके सप्ताह-दस दिन में खराब होने की आशंका रहती है और जब आप अंतरराष्ट्रीय स्तर पर व्यापार करने की सोच रहे हैं तो जाहिर है कि इसके लिए विशाल कार्यप्रणाली की आवश्यकता होगी। यहीं पर समानुपातिक वितरण व्यवस्था का होना भी आवश्यक है, जो वास्तव में किसान को बुनियादी स्तर पर बड़े पैमाने पर लाभ पहुँचाएगा। रिलायंस ने खरीद और बिक्री के मूल्यों में भिन्नता को 'मध्यस्थ' रखने का प्रस्ताव किया है, क्योंकि यह 'मध्यस्थता' अनेक भारतीयों को लाभ पहुँचाएगी, जिस प्रकार आई.टी. (इन्फॉर्मेशन टेक्नोलॉजी) क्षेत्र ने भारतीयों को लाभान्वित किया था। उदाहरण के लिए, अमेरिका में आई.टी. फर्मों को अमेरिकनों को नौकरी पर रखने के लिए बहुत बड़ा खर्चा करना पड़ता था, क्योंकि वहाँ प्रति व्यक्ति की प्रति घंटे की बहाली की दर बहुत महँगी होती है, इसलिए अमेरिकी फर्मों ने यह काम 'आउट सोर्सिंग' करके भारतीय फर्मों को सौंप दिया, जिनकी प्रति व्यक्ति दर अमेरिका के मुकाबले बहुत कम थी, लेकिन इसने भारत को आई.टी. सेक्टर में बढ़ाने का मार्ग खोल दिया और समय के साथ सबने देखा कि भारत ने आई.टी. सेक्टर में योग्यतम व्यक्तियों को शिखर पर पहुँचा दिया और स्वयं आई.टी. क्षेत्र भारत में एक 'ब्रांड' बन गया। इसका बड़ा लाभ यह हुआ कि अमेरिकी फर्मों ने अब अमेरिकी स्तर के

कृषिजन्य उत्पाद की प्रमुख समस्या उसकी खराब होकर नष्ट होने की प्रवृत्ति होती है। जहाँ तक अनाज और दालों का प्रश्न है, यह समस्या उतनी प्रभावशाली नहीं होती, क्योंकि उन्हें साधारण कंडीशन में भी गोदामों में रखा जा सकता है।

आसपास पैसा देना शुरू कर दिया और समय बीतने के साथ यह विभिन्नता भी समाप्त हो जाएगी। आज भारत विश्व में आई.टी. क्षेत्र का सिरमौर है अर्थात् सर्वप्रथम 'ब्रांड' है। रिलायंस की धारणा है कि यदि कृषि क्षेत्र में भी ऐसी पहल की जाए तो उसके भी ऐसे ही परिणाम होंगे, बल्कि इससे भी बड़े पैमाने पर भारत को लाभ होगा, क्योंकि भारत की 60 प्रतिशत आबादी कृषि के क्षेत्र में नौकरी पाती है। धीरे-धीरे हमें सुनाई देने लगा है कि पढ़े-लिखे युवा अब अन्य क्षेत्रों को छोड़कर भारत के विशाल कृषि क्षेत्र में अपना भाग्य आजमाना चाह रहे हैं। इसके लिए किसी सीमा तक रिलायंस द्वारा प्रस्तुत उसके अध्ययन की संभावनाओं को श्रेय दिया जा सकता है।

विश्व में रोजगार एक प्रमुख समस्या है। हमारे देश में लाखों नौजवान ऐसे रोजगार की तलाश में रहते हैं, जो जीविकोपार्जन के साथ-साथ ऐसे अवसर प्रदान कर सके, जिसके माध्यम से वे व्यावसायिक जीवन में भी प्रवेश कर सकें। रिलायंस की ऐसी धारणा है कि देश में शिक्षा के अभाव के कारण हर युवक डॉक्टर, इंजीनियर अथवा मैनेजर बनने का नहीं सोच सकता। 'रिटेलिंग' ही ऐसा क्षेत्र है, जो देश की 'स्नातक पूर्व' श्रम शक्ति के लिए बड़े पैमाने पर द्वार खोलता है, जिसमें एक हाई स्कूल पास युवक भी नौकरी प्राप्त कर सकता है। देश में इस विशाल श्रम शक्ति के एक बड़े भाग को उपयोगी काम पर लगाने की आवश्यकता है और 'रिटेलिंग' इसका अवसर प्रदान करता है। इस श्रम शक्ति को संगठित क्षेत्र भी नौकरी प्रदान कर सकता है। असंगठित क्षेत्र तो अपने स्तर पर नौकरियाँ देता

विश्व में रोजगार एक प्रमुख समस्या है। हमारे देश में लाखों नौजवान ऐसे रोजगार की तलाश में रहते हैं, जो जीविकोपार्जन के साथ-साथ ऐसे अवसर प्रदान कर सके, जिसके माध्यम से वे व्यावसायिक जीवन में भी प्रवेश कर सकें। रिलायंस की ऐसी धारणा है कि देश में शिक्षा के अभाव के कारण हर युवक डॉक्टर, इंजीनियर अथवा मैनेजर बनने का नहीं सोच सकता।

ही है। रिलायंस जैसे संगठित क्षेत्र यदि उनका प्रयोग कृषिजन्य उत्पादों की बिक्री के लिए करना चाहें तो कम-से-कम 15 लाख नौजवानों को 'रिटेलिंग' में एक अच्छी और प्रतिष्ठित नौकरी दे सकते हैं।

इसके लिए रिलायंस ने एक अध्ययन दल का गठन किया है, जो ग्राम और तहसील स्तर की संरचना का अध्ययन करके वहाँ की श्रम शक्ति को समझने का प्रयास करेगा और साथ-साथ किसानों के विचारों पर मंथन करके यह पता लगाने की कोशिश करेगा कि रोजगार के अवसरों को और कैसे बढ़ाया जा सकता है? क्योंकि किसान अपने परिवार के साथ खेत में काम करता है, लेकिन परिवार के सभी सदस्यों को लगातार सालभर नौकरी नहीं दी जा सकती। इस प्रकार लगभग 80 प्रतिशत श्रम शक्ति बिना उपयोग के रह जाती है। इसका बुनियादी कारण यह है कि पैदावार के लिए खरीदार नहीं होते। रिलायंस इसी बिंदु पर काम करके किसानों की आय के स्तरों को बढ़ाना चाहता है और साथ-साथ पैदावार में इजाफा करना चाहता है। इस बहाने पैदावार को बाजार में बेचने की जिम्मेदारी उस पर आ जाएगी, जबकि पैदावार बढ़ाने की जिम्मेदारी किसान की होगी। इसके अतिरिक्त खेती में भी किसान को परामर्श के रूप में सहायता मिलेगी। वे वैज्ञानिक प्रणाली के अनुकूल सिंचाई, खाद और उन्नत बीजों का प्रयोग कर पाएँगे।

इसके लिए रिलायंस ने एक अध्ययन दल का गठन किया है, जो ग्राम और तहसील स्तर की संरचना का अध्ययन करके वहाँ की श्रम शक्ति को समझने का प्रयास करेगा और साथ-साथ किसानों के विचारों पर मंथन करके यह पता लगाने की कोशिश करेगा कि रोजगार के अवसरों को और कैसे बढ़ाया जा सकता है?

रिलायंस ने जो बहुमुखी योजना बनाई है, उसमें ग्राहक और किसान दोनों के हितों को ध्यान में रखा है, ताकि दोनों को इससे लाभ मिल सके। रिलायंस एक ओर कृषिजन्य उत्पादों के लागत खर्च में कमी करके कृषि उत्पादों के

मूल्यों में 20 प्रतिशत कम करके लाभांश ग्राहकों को पहुँचाएगा और दूसरी ओर किसानों को उन्नत खेती में प्रशिक्षित कर अगले कुछ ही वर्षों में उनके मुनाफे के स्तर में 600 से 700 प्रतिशत बढ़ोतरी करके उन्हें समृद्ध बनाएगा और यह चमत्कार वह पैदावार को बढ़ाकर करेगा। उदाहरण के लिए, 150 मिलियन टन की वर्तमान दर को कुछ ही फसल-चक्रों के अंतराल में 300 से 400 टन तक किया जा सकेगा। जब उत्पादन की गुणवत्ता सुनिश्चित होती है तो ग्राहकों को जीतना आसान होता है। अतः जैसा कि रिलायंस की धारणा है कि समूची योजना 'पैदावार की उपज-उत्पादकता-वितरण' के समन्वय की कहानी है। यहाँ गौर करने की बात यह है कि रिलायंस दूसरे प्रतियोगियों की तरह नहीं है, जो मार्केट तैयार होने पर घुसने का प्रयत्न करते हैं, बल्कि वह मार्केट को तैयार करने पर विश्वास करता है।

रिलायंस ने इससे पहले अन्य क्षेत्रों में भी ऐसी सफलता प्राप्त करके दिखाई है। जब उसने कहा था कि वह देश में एक करोड़ फोन उपभोक्ता बनाएगा तो उसकी जगहँसाई हुई थी, लेकिन उसने मार्केट को इतना विकसित कर दिया कि सभी फोन ऑपरेटरों तक को उनके भाग से ज्यादा मिलने लगा। फोन मार्केट इतना बढ़ चुका है कि अनेक ऑपरेटरों को अब हर महीने दस लाख फोन उपभोक्ता आसानी से मिल जाते हैं। रिलायंस भविष्य में इसी कहानी को कृषि क्षेत्र में भी लागू करना चाहता है। उसे केवल धैर्य से काम करने की आवश्यकता है। उसने छोटे पैमाने पर अपनी योजना आंध्र प्रदेश, पंजाब और बंगाल जैसे राज्यों में शुरू कर दी है और इसके माध्यम से वह योजना के लागू करने से उत्पन्न विभिन्न

रिलायंस ने इससे पहले अन्य क्षेत्रों में भी ऐसी सफलता प्राप्त करके दिखाई है। जब उसने कहा था कि वह देश में एक करोड़ फोन उपभोक्ता बनाएगा तो उसकी जगहँसाई हुई थी, लेकिन उसने मार्केट को इतना विकसित कर दिया कि सभी फोन ऑपरेटरों तक को उनके भाग से ज्यादा मिलने लगा।

समस्याओं का अध्ययन करना चाहता है। आज रिलायंस के रिटेल विभाग द्वारा शुरू किए गए 'रिलायंस फ्रेश' देशभर में ग्राहकों को सस्ते मूल्यों पर ताजे उत्पाद उपलब्ध कर रहे हैं। वहीं, दूसरी ओर किसानों को उनकी पैदावार का भरपूर मुनाफा प्रदान कर रहे हैं।

मुकेश ने विदेशों में कृषि क्षेत्र में लगे 'योग्य' भारतीयों को भारत बुलाना शुरू कर दिया है और उनकी प्रतिक्रिया देखकर मुकेश का उत्साह बढ़ गया है। इसका कारण यह भी है कि विदेश में लगे इन भारतीयों को यह स्प्ष्ट हो गया कि उनकी बचत में स्वदेश आकर कोई फर्क पड़नेवाला नहीं है। मुकेश इसका उदाहरण देते हुए कहते हैं, "मान लीजिए, अमेरिका में रहनेवाला एक भारतीय एक लाख डॉलर कमा रहा है, लेकिन रहने, खाने, जीने का खर्च ऊँचा होने के परिणामस्वरूप वह केवल 15,000–20,000 डॉलर बचा पाता है। यदि इसी बचत पर उसे स्वदेश में काम करने का अवसर मिले तो वह क्यों नहीं आएगा?" और रिलायंस यही करना चाहता है।

मुकेश ने विदेशों में कृषि क्षेत्र में लगे 'योग्य' भारतीयों को भारत बुलाना शुरू कर दिया है और उनकी प्रतिक्रिया देखकर मुकेश का उत्साह बढ़ गया है। इसका कारण यह भी है कि विदेश में लगे इन भारतीयों को यह स्प्ष्ट हो गया कि उनकी बचत में स्वदेश आकर कोई फर्क पड़नेवाला नहीं है।

मुकेश को कृषि के क्षेत्र में बड़े पैमाने पर संभावनाएँ दिखाई दे रही हैं। उनका कहना है कि पहले जमाने में लोग वित्तीय व्यवसाय में जाना चाहते थे, फिर मार्केटिंग आया। उसके बाद इंजीनियरिंग आया। लेकिन अब कृषि के क्षेत्र हैं, जिसकी शक्ति का पूरा उपयोग अब तक नहीं हो पाया है, और इसी क्षेत्र में वे एक बड़ी छलाँग लगाना चाहते हैं। यह पुरानी धारणाओं में एक स्वागतयोग्य परिवर्तन है। उनका कहना है कि ग्रामीण इलाकों को लाभजनित बाजारों में परिवर्तित करने की जरूरत है। इन सभी प्रयासों को संगृहीत और समन्वित करने के बाद ही सफलता की ओर कदम बढ़ाया जा सकेगा।

रिटेलिंग में रिलायंस

मुकेश अपने जीवन में आनेवाले अवसरों से भरपूर लाभ उठाना अच्छी तरह से जानते हैं। अपने व्यवसाय में रहकर ही उन्होंने 'रिटेल' में भविष्य की संभावनाओं को पहचान लिया था। आज देशभर में रिलायंस के 11,000 से भी ज्यादा रिलायंस स्टोर चल रहे हैं, जिसमें सिले-सिलाए कपड़े, आभूषण के शोरूम और सुपर मार्केट जैसी सुविधाएँ शामिल हैं। इसके अलावा, वे देशभर में ऐसे ही आवश्यक वस्तुओं के हजार से अधिक बिक्री केंद्र और खोलना चाहते हैं, ताकि रिलायंस इस व्यापार में अपना वर्चस्व प्राप्त कर ले। यद्यपि इस व्यवसाय की दौड़ में उनके प्रतियोगी 'वालमार्ट' और 'अमेजन' जैसे व्यापारिक दिग्गज भी लगे हुए हैं, लेकिन रिलायंस ने इस क्षेत्र में जितनी सफलता अब तक प्राप्त कर ली है और भविष्य में उनके विस्तार को लेकर जो योजनाओं रिलायंस के पास हैं, उनको देखते हुए यह संभव नहीं है कि ये व्यापारी संगठन रिलायंस को मात दे पाएँगे। सबसे बड़ा पहलू जो रिलायंस के पक्ष में है, वह यह है कि उसके 'आउटलेट' और बिक्री केंद्र उसकी अपनी जमीन पर स्थित हैं, जहाँ वह बिना किसी भी विरोध के अपना व्यवसाय बढ़ा सकता है, जबकि इन विदेशी व्यापारिक संगठनों के पास इस सुविधा का अभाव है। 2018 में उन्हें पहले ही एक बड़ा झटका मिल गया था, जब 'वालमार्ट' ने 'फ्लिपकार्ट' को अंगीकृत करने के समझौते पर हस्ताक्षर किए थे और भारत सरकार ने नए कानून के अंतर्गत विदेशी व्यापारिक संगठनों को भारत में उनके माल की बिक्री पर

मुकेश अपने जीवन में आनेवाले अवसरों से भरपूर लाभ उठाना अच्छी तरह से जानते हैं। अपने व्यवसाय में रहकर ही उन्होंने 'रिटेल' में भविष्य की संभावनाओं को पहचान लिया था। आज देशभर में रिलायंस के 11,000 से भी ज्यादा रिलायंस स्टोर चल रहे हैं, जिसमें सिले-सिलाए कपड़े, आभूषण के शोरूम और सुपर मार्केट जैसी सुविधाएँ शामिल हैं।

प्रतिबंध लगा दिए थे। और अब जैसे-जैसे रिलायंस की उनसे प्रतियोगिता बढ़ती जा रही है, रिलायंस को पूरा विश्वास है कि वह इस दौड़ में उनको बहुत पीछे छोड़ जानेवाला है।

'विशेष औद्योगिक आर्थिक जोन' (सेज) की दौड़ में रिलायंस

स्वतंत्रता के 50 वर्ष बाद उन्नीसवीं सदी के अंत तक भारत औद्योगिक विकास का आधार तैयार नहीं कर पाया। इस लक्ष्य को प्राप्त करने के लिए सरकार ने 'विशेष आर्थिक जोन' (सेज) बनाने की नीति बनाई। दरअसल, एशिया, भारत पहला देश था, जिसने देश के निर्यात को बढ़ाने की जरूरत को महसूस किया और 1965 में कांडला में पहले 'निर्यात कार्यप्रणाली जोन' की स्थापना की थी। इसी प्रकार भारत ने बड़े पैमाने पर विदेशी लागत को आकर्षित करने के उद्देश्य से आयात संबंधी विभिन्न प्रक्रियाओं को सरल करने के लिए देश में अनेक 'विशेष आर्थिक जोन' की स्थापना की, जिसमें वर्तमान आयात संबंधी विभिन नियंत्रणों और कानूनों को सरल करके एक 'समग्र नियम' लागू करने की व्यवस्था थी, जो विदेशियों को भारत में पूँजी लगाने की प्रक्रिया को आसान करेगी। यह नीति अप्रैल 2000 में लागू की गईं। इस नीति के अंतर्गत 'सेज' को आर्थिक नीति के इंजन के रूप में प्रस्तुत किया गया। इसके अतिरिक्त 'सेज' में गुणवत्ता को निश्चित करने की संरचना के साथ-साथ केंद्र तथा राज्य सरकार को लाभांश वितरित करने की व्यवस्था भी शामिल थी। विदेशी व्यापार नीति के अंतर्गत भारत में 'सेज' ने 1 अप्रैल, 2000 से लेकर 9 फरवरी, 2006 तक काम किया।

> *स्वतंत्रता के 50 वर्ष बाद उन्नीसवीं सदी के अंत तक भारत औद्योगिक विकास का आधार तैयार नहीं कर पाया। इस लक्ष्य को प्राप्त करने के लिए सरकार ने 'विशेष आर्थिक जोन' (सेज) बनाने की नीति बनाई।*

'स्पेशल इकोनॉमिक जोन विधेयक, 2005 को संसद् ने मई 2005

में पास किया और 23 जून, 2005 को राष्ट्रपति ने उस पर अपनी सहमति प्रदान की। 'सेज' के प्रमुख उद्‌देश्यों में अतिरिक्त आर्थिक गतिविधियों को उत्पन्न करना; माल और सेवाओं को बढ़ाना, घरेलू और विदेशी स्त्रोतों के जरिए लागत में बढ़ोतरी लाना और रोजगार के नए अवसर पैदा करने के अतिरिक्त निर्माण संबंधी सुविधाओं को विकसित करना शामिल था। इन तमाम योजनाओं और नीतियों से उम्मीद की गई थी कि 'सेज' में एक नए उत्साह के साथ विदेशी और देशी लागत बढ़ेगी, निर्माण और उत्पादक क्षमता में इजाफा होगा, जिससे देश में अतिरिक्त आर्थिक गतिविधियाँ और रोजगार के नए अवसर पैदा होंगे।

'सेज' के नियम 'सेज' में उद्योगों की स्थापना, उनके परिचालन तथा व्यापार के कामकाज को आसान करने के लिए बनाए गए हैं। इसके अंतर्गत इन सभी कार्यों को निपटाने के लिए 'एकल खिड़की' होगी। नियम यह भी तय करते हैं कि अमुक उद्योग केंद्र सरकार अथवा राज्य सरकार के क्षेत्र में आता है और उनसे संबंधित सभी कार्यप्राणलियों को आसान करते हैं, जिसमें उद्योग को अपने उत्पाद के सत्यापन के प्रमाण-पत्र जारी करने की छूट भी शामिल होगी।

नियम यह भी तय करते हैं कि अमुक उद्योग केंद्र सरकार अथवा राज्य सरकार के क्षेत्र में आता है और उनसे संबंधित सभी कार्यप्राणलियों को आसान करते हैं, जिसमें उद्योग को अपने उत्पाद के सत्यापन के प्रमाण-पत्र जारी करने की छूट भी शामिल होगी।

मुकेश शुरू से ही 'सेज' में दिलचस्पी लेने लगे थे, क्योंकि उनकी नजर में 'सेज' लाखों लोगों को रोजगार प्रदान करनेवाले हैं और चूँकि भारत में योग्यता के अभाव की पूर्ति के लिए निर्माण और सेवा के क्षेत्रों में अधिक-से-अधिक रोजगार के अवसरों की जरूरत पड़ेगी और यह काम, उनकी दृष्टि में, 'सेज' ही पूरा कर पाएगा। इसलिए जैसे ही रिलायंस को 'सेज' का पता चला, उसमें अपने सर्वेक्षण करने शुरू कर दिए। इन सर्वेक्षणों से यह

जानकारी मिली कि भारत की कुल भूमि का क्षेत्रफल 750 से 800 मिलियन एकड़ है, जिसमें 500 मिलियन एकड़ भूमि उपजाऊ है, जिसमें से केवल 300 से 500 मिलियन एकड़ भूमि पर ही खेती होती है, यानी शेष लगभग 150 मिलियन एकड़ भूमि का प्रयोग नए सिरे से खेती करने के लिए किया जा सकता है। खेती हमारे देश में रोजी-रोटी का प्रमुख साधन है। देश में लगभग 100 मिलियन परिवार खेती पर निर्भर करते हैं। जो जमीन खेती योग्य नहीं है, उसका प्रयोग बड़े पैमाने पर रोजगार अवसर बढ़ाने के लिए किया जा सकता है। (उदाहरण के लिए अभी देश में लगभग 8 लाख इंजीनियर, 4 से 5 लाख इंजीनियर से कमतर योग्यता हासिल करनेवाले नौजवान तैयार हो रहे हैं।) यदि 'सेज' को साकार रूप दिया जाए तो अगले 20 वर्षों में रोजगार के विभिन्न स्तरों के लिए लगभग 20 लाख युवकों को रोजगार दिया जा सकेगा।

वर्तमान परिदृश्य में सरकारी क्षेत्र में ज्यादा नौकरियाँ नहीं हैं। सन् 2000 तक सरकार के पास 'स्वरोजगार' के पर्याप्त अवसर नहीं थे। ऐसी स्थिति में रोजगार मुहैया कराने की जिम्मेदारी रिलायंस जैसी कंपनियों को स्वीकार करनी पड़ी है और रिलायंस ने यह काम बड़े उत्साह से अपने हाथ में लिया, क्योंकि रिलायंस को भारतीय योग्यता पर विश्वास है, जिसको केवल तकनीकी रूप से तैयार करने की जरूरत है।

वर्तमान परिदृश्य में सरकारी क्षेत्र में ज्यादा नौकरियाँ नहीं हैं। सन् 2000 तक सरकार के पास 'स्वरोजगार' के पर्याप्त अवसर नहीं थे। ऐसी स्थिति में रोजगार मुहैया कराने की जिम्मेदारी रिलायंस जैसी कंपनियों को स्वीकार करनी पड़ी है और रिलायंस ने यह काम बड़े उत्साह से अपने हाथ में लिया, क्योंकि रिलायंस को भारतीय योग्यता पर विश्वास है, जिसको केवल तकनीकी रूप से तैयार करने की जरूरत है। उनके लिए देश में ही रोजगार के पर्याप्त साधन उपलब्ध हैं। उन्हें नौकरी के लिए विदेशों की ओर देखने की जरूरत नहीं है।

'सेज' की नीति ने देश में 'इंटीग्रेटिड इन्फ्रास्ट्रक्चर' अर्थात् 'ढाँचागत समग्रता' की संरचना के अवसर उपलब्ध किए हैं। यदि सरकार सुनिश्चित कर पाए कि यह अभ्यास अगले दस वर्षों तक चलता रहेगा तो देश के रोजगार और औद्योगिक परिदृश्यों में एक भारी परिवर्तन देखने को मिल सकता है। रिलायंस 'सेज' में निर्माण का ऐसा ढाँचा तैयार करने की आशा करता है, जो विदेशी कंपनियों तथा 'लागत' लगानेवाले इन्वेस्टरों को आकर्षित कर सकेगा और आर्थिक क्षेत्र में परिवर्तन ला सकेगा। रिलायंस ने 'सेज' जैसे अन्य देशों में शुरू हुए अभ्यासों का भी अध्ययन किया है, जिनमें शंघाई, कोरिया, मलेशिया तथा सिंगापुर शामिल हैं।

'सेज' की नीति ने देश में 'इंटीग्रेटिड इन्फ्रास्ट्रक्चर' अर्थात् 'ढाँचागत समग्रता' की संरचना के अवसर उपलब्ध किए हैं। यदि सरकार सुनिश्चित कर पाए कि यह अभ्यास अगले दस वर्षों तक चलता रहेगा तो देश के रोजगार और औद्योगिक परिदृश्यों में एक भारी परिवर्तन देखने को मिल सकता है।

रिलायंस की योजना में 'सेज' में एयरपोर्ट, बंदरगाह, यातायात, बिजली और आवास जैसी सुविधाओं की व्यवस्था है और ये सभी सुविधाएँ वाजिब और आकर्षक मूल्यों पर उपलब्ध होंगी। जहाँ तक योजना के स्तर का प्रश्न है, रिलायंस विश्व के मानकों के आधार पर 'सेज' में कम खर्च पर श्रेष्ठ स्तर बनाए रखने के लिए कटिबद्ध है। मुकेश ने सन् 2000 में ही देशभर में अनेक 'सेज' स्थापित करने की आशा व्यक्त करते हुए कहा था कि वे शुरू में लगभग 2,000 युवकों को रोजगार देना चाहते हैं।

मुकेश का कहना है कि 'सेज' के आकार पर बहुत कुछ निर्भर करता है। यदि 'सेज' बड़े पैमाने पर जरूरतों को पूरा नहीं कर पाएगा तो खर्च की सीमा बढ़ सकती है और यह प्रतियोगिता की दौड़ में हानिकारक होगी, क्योंकि हो सकता है कि उन्हें दौड़ छोड़नी पड़ जाए। उन्हें कृषिजन्य व्यापार और 'सेज' दोनों में समान दिलचस्पी है। वे कहते हैं कि ये दोनों क्षेत्र तभी

फल-फूल सकते हैं, जब दौड़ लंबी हो और इसके लिए उन्होंने पूँजी की व्यवस्था भी की है। उनकी यह योजना विश्व में फैली निराशा में आशा का संचार करेगी।

'फेसबुक' का रिलायंस के साथ समझौता

अगस्त 2019 में रिलायंस के शेयर होल्डरों की वार्षिक मीटिंग में बोलते हुए मुकेश अंबानी ने कहा था कि रिलायंस ग्रुप ने कंपनी को अगले 18 महीनों में पूर्णतः ऋणमुक्त करने का 'रोड मैप' तैयार कर लिया है। 'फेसबुक' से उसका समझौता बड़े पैमाने पर इस लक्ष्य को प्राप्त करने में सहयोग देनेवाला होगा।

'फेसबुक' से समझौते के अंतर्गत 'फेसबुक' रिलायंस की यूनिट 'जिओ प्लेटफॉर्म' में 9.90 प्रतिशत की शर्त पर 43,574 करोड़ रुपए की पूँजी लगाएगा। यह पूँजी रिलायंस ग्रुप के ऋण के स्तर को कम करके 'सोशल मीडिया' जैसे विशाल मार्केट में उसकी पहचान के साथ-साथ उसकी 'व्हाट्सएप' यूनिट की नींव को मजबूत करेगी।

'फेसबुक' से समझौते के अंतर्गत 'फेसबुक' रिलायंस की यूनिट 'जिओ प्लेटफॉर्म' में 9.90 प्रतिशत की शर्त पर 43,574 करोड़ रुपए की पूँजी लगाएगा। यह पूँजी रिलायंस ग्रुप के ऋण के स्तर को कम करके 'सोशल मीडिया' जैसे विशाल मार्केट में उसकी पहचान के साथ-साथ उसकी 'व्हाट्सएप' यूनिट की नींव को मजबूत करेगी। इस समझौते के बाद 'जिओ प्लेटफॉर्म' का मूल्य 4.62 लाख करोड़ रुपया हो जाएगा। उसके पास 'फोन तथा डॉट यूनिट रिलायंस जिओ इन्फोकॉम' तथा 'जिओ मार्ट', 'जिओ सान' और 'जिओ सिनेमा' जैसे विभिन्न डिजिटल एप प्लेटफॉर्म का भी स्वामित्व होगा। इस समझौते के अंतर्गत फेसबुक ने अब 'जिओ प्लेटफॉर्म' के बोर्ड की सदस्यता अर्जित कर ली है और वह पर्यवेक्षक के रूप में बोर्ड का सदस्य हो गया है। बहरहाल, इस समझौते का 'जिओ' और 'व्हाट्सएप' पर कोई फर्क नहीं आएगा और वे अपना कामकाज पूर्ण

स्वतंत्रता से करते रहेंगे। अपने व्यापार को ज्यों-का-त्यों चलाते रहेंगे और अपनी सुविधानुसार जहाँ जरूरी होगा, दूसरी व्यापारिक इकाइयों से समझौते भी करते रहेंगे। जिओ प्लेटफॉर्म, रिलायंस रिटेल और व्हाट्सएप ने 'जिओ मार्ट' और 'व्हाट्सएप' की प्रगति में सहायता के उद्देश्य से आपस में एक व्यापारिक संधि की है। ये सभी कंपनियाँ आपस में तालमेल करके ग्राहक को यह सुविधा मुहैया कराएँगी, जिससे वह अपने घर में बैठे किराना स्टोर से अपनी मनचाही वस्तु को खरीदकर घर में प्राप्त कर सकेगा। इस प्रक्रिया में रिलायंस ग्राहक को 'जिओ मार्ट' व्हाट्सएप की सेवाएँ उपलब्ध कराएगा। संधि का प्रमुख लक्ष्य यह होगा कि वह असंगठित क्षेत्र के 60 मिलियन माइक्रो अर्थात् सूक्ष्म, छोटे और मझोले व्यापारियों, 120 मिलियन किसानों, 30 मिलियन छोटे सौदागरों और लाखों छोटे और मझोले उद्योगों को डिजिटल सुविधा पर आधारित समाधान मुहैया कराएगा। उसका उद्देश्य बढ़ते हुए डिजिटल अर्थतंत्र को और प्रभावपूर्ण ढंग से विकसित करने के लिए लोगों और व्यापारियों के लिए नए मार्ग प्रशस्त करना है।

सरकारी अधिकारियों ने चेतावनी दी है कि इन दोनों कंपनियों के कामकाज पर सरकार के 'एंटीट्रस्ट वॉचडॉग' अर्थात् 'विश्वास विरोधी सचेतक' की कड़ी नजर रहेगी, क्योंकि इनके पास लाखों भारतीयों की निजी सूचनाएँ रहती हैं, जिनका गलत फायदा अमेजन, गूगल जैसे विदेशी प्रतिष्ठानों के अलावा नए स्टार्टअप जैसी प्रतियोगी कंपनियाँ भी उठा सकती हैं।

सरकारी अधिकारियों ने चेतावनी दी है कि इन दोनों कंपनियों के कामकाज पर सरकार के 'एंटीट्रस्ट वॉचडॉग' अर्थात् 'विश्वास विरोधी सचेतक' की कड़ी नजर रहेगी, क्योंकि इनके पास लाखों भारतीयों की निजी सूचनाएँ रहती हैं, जिनका गलत फायदा अमेजन, गूगल जैसे विदेशी प्रतिष्ठानों के अलावा नए स्टार्टअप जैसी प्रतियोगी कंपनियाँ भी उठा सकती हैं। इस संधि

से रिलायंस जिओ इन्फोकॉम के 380 मिलियन, फेसबुक के 328 मिलियन और व्हाट्सएप के लगभग 400 मिलियन उपभोक्ता लाभान्वित होंगे। सबसे महत्त्वपूर्ण तथ्य यह है कि भारत सरकार के 'कंपीटीशन कमीशन' ने जिओ प्लेटफॉर्म्स में फेसबुक द्वारा 9.99 प्रतिशत की शर्त पर लगाम लगाने पर अपनी स्वीकृति प्रदान कर दी है। इस शर्त का लाभ फेसबुक की सहायक कंपनी 'जाधू होल्डिंस' एल.एल.सी. को जाएगा। इस सहायक कंपनी को फेसबुक ने पिछले वर्ष स्थापित किया था।

इस समझौते के परिणामस्वरूप जिओ प्लेटफॉर्म्स को 40,000 रुपए का ऋण कम करने में सहायता मिलेगी। समझौते के अंतर्गत, 15,000 करोड़ रुपए की धन राशि कंपनी अपने पास रखेगी तथा शेष धनराशि का उपयोग रिलायंस 'ऑब्शनली कर्न्वेट्बिल प्रिफरेंस शेयरों (ओ.सी.पी.एस.) को तब्दील कर उसकी धनराशि को जिओ प्लेटफॉर्म्स ऋण की रकम को कम करने में लगाएगा।

इस समझौते के परिणामस्वरूप जिओ प्लेटफॉर्म्स को 40,000 रुपए का ऋण कम करने में सहायता मिलेगी। समझौते के अंतर्गत, 15,000 करोड़ रुपए की धन राशि कंपनी अपने पास रखेगी तथा शेष धनराशि का उपयोग रिलायंस 'ऑब्शनली कर्न्वेट्बिल प्रिफरेंस शेयरों (ओ.सी.पी.एस.) को तब्दील कर उसकी धनराशि को जिओ प्लेटफॉर्म्स ऋण की रकम को कम करने में लगाएगा। इस प्रकार जिओ प्लेटफॉर्म्स का कुल ऋण घट जाएगा, क्योंकि कंपनी ने 15,000 करोड़ पहले ही सहेजकर रखे हैं।

यह समझौता फेसबुक का भारतीय टेलीकॉम सेक्टर में औपचारिक प्रवेश के रूप में माना जाएगा। इसके साथ वह भारतीय टेक्नोलॉजी के क्षेत्र का सबसे बड़ा विदेशी 'इन्वेस्टर' भी माना जाएगा।

इस अवसर पर बोलते हुए मुकेश अंबानी ने कहा था, "इस साझेदारी

के आधार में मेरा और फेसबुक के संस्थापक मार्क जुकरबर्ग का भारत को समग्र रूप से 'डिजिटल भारत' में परिवर्तित कर भारतीयों की सेवा करने का संकल्प है। कोरोना महामारी के दौरान मुझे विश्वास है कि भारत जल्दी ही इस महामारी से मुक्त होकर नई ऊर्जा और उत्साह के साथ नव-निर्माण और आर्थिक प्रगति के पथ पर अग्रसर होगा। इस परिवर्तन में हमारी साझेदारी प्रमुख भूमिका निभाएगी।"

मार्क जुकरबर्ग ने कहा, "यह समझौता आज की स्थिति में बहुत महत्त्वपूर्ण है, क्योंकि हर एक अर्थतंत्र में छोटे व्यवसाय महत्त्वपूर्ण केंद्रबिंदु होते हैं। भारत में 60 मिलियन से ज्यादा लघु उद्योग हैं और वे करोड़ों लोगों की जीविका के साधन उपलबध करते हैं।" उन्होंने यह भी कहा कि भारत की आर्थिक प्रगति को पुनर्जीवित कर उसकी रफ्तार बढ़ाने में फेसबुक अपनी भूमिका निभाएगा।

> *मार्क जुकरबर्ग ने कहा, "यह समझौता आज की स्थिति में बहुत महत्त्वपूर्ण है, क्योंकि हर एक अर्थतंत्र में छोटे व्यवसाय महत्त्वपूर्ण केंद्रबिंदु होते हैं। भारत में 60 मिलियन से ज्यादा लघु उद्योग हैं और वे करोड़ों लोगों की जीविका के साधन उपलबध करते हैं।"*

यह समझौता प्रधानमंत्री नरेंद्र मोदी को भी उनके 'डिजिटल इंडिया' के सपने को साकार करने में सहायता करेगा, जिसके दो बुनियादी लक्ष्य हैं, भारत के प्रत्येक नागरिक के जीवन को सरल बनाना और साथ-साथ उद्योग और व्यापार के परिचालन को आसान करना।

अन्य समझौते

रिलायंस ने फेसबुक के समझौते के अतिरिक्त 30,062 करोड़ रुपए की कुल पूँजी प्राप्त करके चार इन्वेस्टर्स से भी समझौते किए हैं। ये समझौते इस प्रकार हैं—

एल. कैटरटन के साथ समझौता (0.39 प्रतिशत के दाँव (स्टेको) पर

1,894 करोड़ रुपए के लिए), पब्लिक इन्वेस्टमेंट फंड के साथ समझौता (2.32 प्रतिशत के दाँव पर 11,367 करोड़ रुपए के लिए), दि सिल्वर लेक के साथ समझौता (2.08 प्रतिशत के दाँव पर 10,202.55 करोड़ रुपए के लिए) और जनरल अटलांटिक सिंगापुर जे.पी. के साथ समझौता (1.34 प्रतिशत के दाँव पर 6,598.38 करोड़ रुपए के लिए)। इन पाँच समझौतों के जारिए मुकेश ने जिओ में अपने 25.09 प्रतिशत के दाँवों (स्टेक) को कुल मिलाकर 1,17,588.45 करोड़ रुपए की धनराशि लेकर विदेशी इन्वेस्टरों को बेच दिया है। ऐसे समझौतों की भविष्य में भी गुंजाइश है।

मुकेश को कंपनियाँ खरीदना बहुत आसान लगता है। उन्हें सिर्फ अमेरिका जाकर होटल में ठहरना पड़ता है। वहाँ इन्वेस्टमेंट बैंकर्स से केवल बात करनी पड़ती है और वे उन सभी कंपनियों को खरीद लेते हैं, जो उपलब्ध हैं। इसके बावजूद मुकेश को जब भी जरूरत पड़ती है, वे उद्योगों और कंपनियों को खरीदते रहते हैं और समय ने यह साबित कर दिया है कि वे अपनी खरीदारी बड़े 'स्टाइल' से करते हैं।

उद्योगों को अंगीकृत अथवा खरीदना

मुकेश को कंपनियाँ खरीदना बहुत आसान लगता है। उन्हें सिर्फ अमेरिका जाकर होटल में ठहरना पड़ता है। वहाँ इन्वेस्टमेंट बैंकर्स से केवल बात करनी पड़ती है और वे उन सभी कंपनियों को खरीद लेते हैं, जो उपलब्ध हैं। इसके बावजूद मुकेश को जब भी जरूरत पड़ती है, वे उद्योगों और कंपनियों को खरीदते रहते हैं और समय ने यह साबित कर दिया है कि वे अपनी खरीदारी बड़े 'स्टाइल' से करते हैं।

रिलायंस इंडस्ट्रीज लिमिटेड आज कंपनियों की खरीदारी में लगा हुआ है और यह उसका अब नियमित अभ्यास हो गया है। मुझे यहाँ लिखते-लिखते खबर आ रही है कि वे 'ई-कॉमर्स' के क्षेत्र को और मजबूत करने के उद्देश्य से दूध के डिलीवरी प्लेटफॉर्म 'मिल्क बास्केट' और 'ऑनलाइन फर्नीचर ब्रांड 'अर्बन लैडर' को खरीदने के लिए

बातचीत कर रहे हैं। एक दूसरी खबर यह आ रही है कि 'ई-फार्मेसी' प्लेयर 'नेटमेड्स' और लिंजेंरी रिटेलर 'जीवैम' से भी बातचीत हो रही है। पिछले तीन वर्षों में रिलायंस ने विभिन्न कंपनियों को खरीदने पर बहुत बड़ी रकम खर्च की है, जो लगभग 3.1 बिलियन डॉलर यानी 23,300 करोड़ रुपए के आसपास है। इस रकम का कुछ भाग तो ऐसी कंपनियों को खरीदने में खर्च हुआ है, जो रिलायंस के व्यवसाय से कुछ हद तक जुड़ी हुई थीं, जैसे टेलीकॉम, इंटरनेट, रिटेल, डिजिटल मीडिया, शिक्षा, केमिकल और ऊर्जा। रिलायंस ने 'जेनेसिस कलर्ज' में लगभग 5 मिलियन डॉलर अर्थात् 37.47 करोड़ रुपए लगाए हैं, जबकि 'हैथावे' में एक बड़ी रकम यानी 603 मिलियन डॉलर खर्च की है। एक अनुमान के अनुसार, रिलायंस ने टेक्नोलॉजी, मीडिया और मनोरंजन के क्षेत्र में 80 प्रतिशत लागत लगाई है, जबकि उसकी लागत रिटेल में 13 प्रतिशत और ऊर्जा के क्षेत्र में 6 प्रतिशत है। जिस रफ्तार से रिलायंस उद्योगों और विकेंद्रीकरण में खर्च कर रहा है, विशेषज्ञों का कहना है कि उसके विस्तार का प्रभाव भविष्य में 'स्टार्टअप' पर पड़ सकता है।

वे हरसंभव अवसर पर युवाओं के लिए नए अवसरों को पैदा करनेवाले उपायों में लगे रहते हैं और इस प्रयास में उन्होंने कृषि, व्यापार, निर्माण, ऊर्जा, टेली कम्युनिकेशन, पेट्रोकेमिकल्स जैसे क्षेत्रों में अनेक अवसर पैदा किए हैं।

योग्यता का संवर्धन

मुकेश को भारत के युवा वर्ग पर बहुत भरोसा है। उनके विचार में युवा वर्ग को उपयुक्त संवर्धन अर्थात् उनकी योग्यताओं के आधार पर उन्हें प्रशिक्षित करने की जरूरत भर है और वे चल निकलेंगे। इसीलिए, वे हरसंभव अवसर पर युवाओं के लिए नए अवसरों को पैदा करनेवाले उपायों में लगे रहते हैं और इस प्रयास में उन्होंने कृषि, व्यापार, निर्माण, ऊर्जा, टेली कम्युनिकेशन, पेट्रोकेमिकल्स जैसे क्षेत्रों में अनेक अवसर पैदा किए हैं। जब

उनसे पूछा गया कि लोगों में किस प्रकार से उत्साह पैदा किया जा सकता है, ताकि वे तन, मन, धन से अपने काम में लग जाएँ? तो उनका सीधा सा उत्तर था कि "नौजवान साधारण और दैनिक कामों से ज्यादा बड़े, विशाल और ऊँचे लक्ष्यों से प्रेरित होते हैं। यदि उन्हें उन लक्ष्यों को प्राप्त करने में लगाया जाए तो जाहिर है कि वे पूरे जोश और उत्साह से न सिर्फ काम को सीखेंगे, बल्कि अपने लक्ष्य को प्राप्त करने के लिए हमेशा उत्साहित रहेंगे।" उन्हें यह कहते हुए गर्व होता है कि उन्होंने आई.एम.एम. और आई.आई.टी. के योग्य नौजवानों के लिए अनेक अवसर पैदा किए हैं, जिनमें आज हजारों नौजवान अपने भविष्य के सपनों को साकार करने में लगे हुए हैं। उनका कहना है कि वे ऐसे प्रयास हमेशा करते रहेंगे।

मुकेश ने टेक्नोलॉजी में बड़ी समझदारी से धन लगाया है। इसी प्रकार उन्होंने योग्यता के संवर्धन में कौशल के विकास पर भी ध्यान दिया है। वे टेक्नोलॉजी पर विश्वास करते हैं। अपना काम करने के लिए वे योग्यता के संचय में भरोसा करते हैं, फिर चाहे वह उनके पास उपलब्ध हो या बाहर से लेनी पड़े, उन्हें कोई फर्क नहीं पड़ता। मुकेश को टेक्नोलॉजी में भविष्य का यथार्थ दिखाई देता है।

धनराशि को समझदारी से लगाना

मुकेश ने टेक्नोलॉजी में बड़ी समझदारी से धन लगाया है। इसी प्रकार उन्होंने योग्यता के संवर्धन में कौशल के विकास पर भी ध्यान दिया है। वे टेक्नोलॉजी पर विश्वास करते हैं। अपना काम करने के लिए वे योग्यता के संचय में भरोसा करते हैं, फिर चाहे वह उनके पास उपलब्ध हो या बाहर से लेनी पड़े, उन्हें कोई फर्क नहीं पड़ता। मुकेश को टेक्नोलॉजी में भविष्य का यथार्थ दिखाई देता है। उनका कहना है कि आज के युग में विशाल उद्योग को चलाना बहुत जरूरी हो गया है। एक छोटा उद्योग भी टेक्नोलॉजी के बिना नहीं चल सकता। ये उद्योग जनता के लिए नए आयाम खोलते हैं। टेक्नोलॉजी ने वर्तमान व्यापार और उद्योग में बड़े पैमाने

पर परिवर्तन किया है; उसके परिचालन को आसान किया है। दूसरी ओर, टेक्नोलॉजी ने कर्मचारियों की उत्पादकता को बढ़ाया है। टेक्नोलॉजी से समय और शक्ति में बचत होती है, जिसका सीधा लाभ खर्च में कटौती है। मुकेश ने एक उदाहरण देकर समझाया कि रिलायंस को 'पातालगंगा' प्रोजेक्ट साइट पर पहुँचने के लिए हेलीकॉप्टर क्यों खरीदने पड़े? लोगों ने समझा कि वे अपनी जीवन शैली की चमक-दमक लोगों को दिखाना चाहते हैं, लेकिन सच्चाई यह थी कि उनसे 'साइट' तक पहुँचने के समय में बचत होती थी, जिसका उपयोग ज्यादा काम करके धन अर्जित करने में किया जा सकता था। उनकी दृष्टि में इस प्रकार के खर्च काम करने की सुविधा को बढ़ाते हैं।

मुकेश की दृष्टि में मार्केटिंग में पैसा खर्च करने के बजाय योग्यता, निर्माण के ढाँचे और उत्पाद की गुणवत्ता पर खर्च करना लाभकारी है और वह इसे अपना 'मूलमंत्र' मानते हैं। उन्हीं के शब्दों में, "यदि मुझे विश्वास है कि मैं सही हूँ तो मुझे जमाने को बताने की जरूरत नहीं, क्योंकि जैसे ही जमाने के सामने मैं आऊँगा तो जमाना समझ जाएगा कि मैं कौन हूँ?" यही कारण है कि मुकेश मार्केटिंग में पैसा लगाने से कन्नी काट जाते हैं और व्यवहार में देखा भी गया है कि उनके विचार सही हैं।

मुकेश की दृष्टि में मार्केटिंग में पैसा खर्च करने के बजाय योग्यता, निर्माण के ढाँचे और उत्पाद की गुणवत्ता पर खर्च करना लाभकारी है और वह इसे अपना 'मूलमंत्र' मानते हैं। उन्हीं के शब्दों में, "यदि मुझे विश्वास है कि मैं सही हूँ तो मुझे जमाने को बताने की जरूरत नहीं, क्योंकि जैसे ही जमाने के सामने मैं आऊँगा तो जमाना समझ जाएगा कि मैं कौन हूँ?"

रिलायंस अब स्पोर्ट्स में

रिलायंस ने 'स्पोर्ट्स' में भी दिलचस्पी दिखाई है और देश में स्पोर्ट्स को विकसित करने में भी काम किया है। यह प्रयास उन्होंने अपने परोपकारी संगठन

'रिलायंस फाउंडेशन' के माध्यम से किया है, जिसकी अध्यक्ष नीता अंबानी हैं।

रिलायंस और 'मुंबई इंडियंस' : विश्व में इंडियन प्रीमियर लीग (आई.पी.एल.) सबसे बड़ा 'फ्रेंचाइजी बेस्ड' क्रिकेट टूर्नामेंट है, जिसका मूल्य लगभग 47,500 करोड़ रुपए है। आठ प्रसिद्ध फ्रेंचाइजियों में सबसे मूल्यवान् फ्रेंचाइजी 'मुंबई इंडियंस' है, जिसका मूल्य 2019 में 809 करोड़ रुपए था। इसके बाद दूसरे स्थान पर 729 करोड़ के मूल्य का चेन्नई सुपर किंग्स है। मुंबई इंडियंस, जो कि 2008 की आठ बुनियादी फ्रेंचाइजियों में से एक था, आज उन्हें सबसे ज्यादा सफल फ्रेंचाइजी माना जाता है। इसने अब तक चार आई.पी.एल. टाइटल जीतने के अलावा दो चैंपियन लीग ट्वेंटी-20 में सफलता पाई है। इसके अधिकारों को रिलायंस ने 2008 में अपनी सहायक कंपनी 'इंडिया विन स्पोर्ट्स प्राइवेट लि.' के माध्यम से अंगीकृत किया था। नीता अंबानी टीम की गतिविधियों में भाग लेकर इस फ्रेंचाइजी का प्रतिनिधित्व करती हैं। उन्हें टीम के मैचों में अकसर देखा जा सकता है।

विश्व में इंडियन प्रीमियर लीग (आई.पी.एल.) सबसे बड़ा 'फ्रेंचाइजी बेस्ड' क्रिकेट टूर्नामेंट है, जिसका मूल्य लगभग 47,500 करोड़ रुपए है। आठ प्रसिद्ध फ्रेंचाइजियों में सबसे मूल्यवान् फ्रेंचाइजी 'मुंबई इंडियंस' है, जिसका मूल्य 2019 में 809 करोड़ रुपए था। इसके बाद दूसरे स्थान पर 729 करोड़ के मूल्य का चेन्नई सुपर किंग्स है।

इस फ्रेंचाइजी ने प्रख्यात क्रिकेट खिलाड़ी सचिन तेंदुलकर को अपने 'आदर्श खिलाड़ी' के रूप में नामांकित किया था। वे टीम के कैप्टन भी थे। फ्रेंचाइजी इसी प्रकार दुनिया के अनेक प्रसिद्ध खिलाड़ियों को नामांकित करती रही है। दिलचस्प बात यह है कि इस टीम का अपना तराना 'दुनिया हिला देंगे' टीम के अनुयायियों में बहुत लोकप्रिय हुआ है। इसी प्रकार टीम के खिलाड़ी जब बाउंड्री मारते हैं तो 'जॉकी' टीम के अनुयायियों द्वारा लिखित टाइटिल सॉन्ग 'अक्खा मुंबई खेलेगा' बजाया जाता है।

रिलायंस और फुटबॉल

रिलायंस अब फुटबॉल के क्षेत्र में अपनी पहचान बना रहा है। उसका उद्‍देश्य है कि वह एक नए व्यावसायिक फुटबॉल टूर्नामेंट की संरचना करे और देश में फुटबॉल की छवि को उज्ज्वल करे। रिलायंस ने देखा है कि भारत में इस खेल के प्रति रुचि में इजाफा हुआ है। फुटबॉल की लोकप्रियता बढ़ाने में, विशेषकर नौजवानों में इसके प्रति अनुराग बढ़ाने में 'वर्ल्डकप' की प्रतियोगिताओं ने भी अपनी अहम भूमिका निभाई है। अंतरराष्ट्रीय फुटबॉल खिलाड़ियों के नाम अब घर-घर में प्रसिद्ध हो गए हैं और रिलायंस इस अवसर का लाभ उठाकर इस खेल की लोकप्रियता को और बढ़ाने के साथ-साथ उसे आय का भी स्रोत बनाना चाहता है। एक सर्वेक्षण के अनुसार, देश में फुटबॉल के टी.वी. दर्शकों में बेहिसाब बढ़ोतरी हुई है। टी.वी. ने फुटबॉल को देश में दूसरा लोकप्रिय खेल बना दिया है।

> *रिलायंस अब फुटबॉल के क्षेत्र में अपनी पहचान बना रहा है। उसका उद्‍देश्य है कि वह एक नए व्यावसायिक फुटबॉल टूर्नामेंट की संरचना करे और देश में फुटबॉल की छवि को उज्ज्वल करे। रिलायंस ने देखा है कि भारत में इस खेल के प्रति रुचि में इजाफा हुआ है।*

इस लक्ष्य को मद्‍देनजर रखते हुए सन् 2010 में मुकेश ने देश में स्पोर्ट्स और मनोरंजन के विकास के लिए विश्व की स्पोर्ट्स मार्केटिंग कंपनी 'आई. एम.जी.' से संयुक्त व्यापार का एक बड़ा समझौता किया था। 'आई.एम.जी. रिलायंस' के नाम से जाने जानेवाले इस व्यापार समझौते ने ए.आई.एफ.एफ (ऑल इंडिया फुटबॉल फेडरेशन) से अगले 15 वर्षों के लिए फुटबॉल के कमर्शियल अधिकार प्राप्त कर लिये हैं, जिनमें फुटबॉल की स्पॉन्सरशिप, विज्ञापन, प्रसारण, मरचेंडाइजिंग अथवा सामान का क्रय-विक्रय, फिल्म, वीडियो और डाटा, इंटलेक्चुएल प्रॉपर्टी', फ्रेंचाइजिंग और नए लीग के अधिकार शामिल हैं। इसमें भारत की राष्ट्रीय टीम की ब्रांडिग और मार्केटिंग

भी शामिल हैं। 'आई.एम.जी. रिलायंस' के ऊपर फुटबॉल को खेल मैदानों से ऊपर उठाकर सर्वोच्च शिखर पर पहुँचाने की जिम्मेदारी है, जिसके लिए उसे इस खेल को विकसित करके लोकप्रिय बनाना है। आई.एम.जी. के लिए राष्ट्रीय टीम को अंतरराष्ट्रीय स्तर तक पहुँचाना एक बड़ी चुनौती है। भारत के योग्य एथलीटों की संख्या को देखते हुए ऐसा लगने लगा है कि संभवत: भारत 'वर्ल्डकप' में भाग लेने का अवसर पा जाएगा। अलबत्ता, यह सफलता इतनी आसान नहीं होगी, क्योंकि भारत की रैंकिंग अभी बहुत नीचे है। 2010 में वह विश्व में 142वें पायदान पर था और मध्य-पूर्व क्षेत्र में उसका 23वाँ स्थान था। इस संपूर्ण योजना में नीता अंबानी को उम्मीद है कि वे एक प्रभावशाली रोल निभाएँगी, जैसा कि उन्होंने आई.पी.एल. में निभाया था।

आई.एम.जी. के लिए राष्ट्रीय टीम को अंतरराष्ट्रीय स्तर तक पहुँचाना एक बड़ी चुनौती है। भारत के योग्य एथलीटों की संख्या को देखते हुए ऐसा लगने लगा है कि संभवत: भारत 'वर्ल्डकप' में भाग लेने का अवसर पा जाएगा। अलबत्ता, यह सफलता इतनी आसान नहीं होगी, क्योंकि भारत की रैंकिंग अभी बहुत नीचे है।

यह संयुक्त समझौता देशभर में फुटबॉल में ट्रेनिंग और कोचिंग की सुविधाओं के साथ-साथ बुनियादी जरूरतों को भी पूरा करेगा। ऐसे समय में, जब भारत के बड़े-बड़े व्यापारी यूरोप की टीमों को खरीदने के बारे में सोच रहे हैं, फुटबॉल के लिए भारत में बढ़ने के सुनहरे अवसर पैदा हो रहे हैं।

मूल्य

हम मूल्यों की चर्चा कर चुके हैं, जिनके आधार पर मुकेश और रिलायंस अपनी जमीनी यात्रा से शिखर तक पहुँचने का सफर बड़ी निष्ठा से निभाते रहे हैं। 'संकल्पों के आधार पर प्रगति' उनका दूसरा 'मूलमंत्र' रहा है, जिसके संदर्भ में ही वे गुणवत्ता, शोध और विकास के अलावा स्वास्थ्य, सुरक्षा और

पर्यावरण, मानव संसाधन विकास, ऊर्जा संवर्धन और कॉरपोरेट नागरिकता के क्षेत्रों में भी प्रयास करते हैं। उनका विश्वास है, कोई भी व्यापार या उद्योग नैतिक तभी रह सकता है, जब वह जीवन के नौ बुनियादी मूल्यों पर टिका रहेगा, जिनमें ईमानदारी, सत्यनिष्ठा, सम्मान, औचित्य, आस्था, जिम्मेदारी, नागरिकता और 'एक-दूसरे की परवाह' शामिल हैं। इन मूल्यों का अर्थ सरल शब्दों में यह है कि उद्योग के प्रत्येक कर्मचारी के व्यवहार और व्यापार में इनकी झलक दिखाई देती हो। उसे कामकाज, नियम-कानूनों के पालन में ऐसा लगे कि वैयक्तिक रूप से वह उसका अपना है। रिलायंस का कहना है कि वह किसी भी स्थिति में, यह परवाह किए बगैर कि उसका उनके लाभ या उनके उद्‌देश्यों पर क्या असर पड़ेगा, इन मूल्यों से नहीं भटकता। उसके लिए निष्कर्ष से अधिक निष्कर्ष तक पहुँचने के प्रयास महत्त्वपूर्ण हैं।

अपने पिता के साथ बिताई जीवन की असाधारण यात्रा के दौरान मैंने जो महत्त्वपूर्ण बातें सीखी हैं, उन्हें आज मैं आपको बताना चाहता हूँ। पहला पाठ जो मैंने सीखा, वह है, साहस और हिम्मत, जो जिंदगी में बहुत जरूरी होते हैं। व्यापार में या जीवन के किसी भी क्षेत्र में साहस के बिना कोई भी व्यक्ति कभी सफल नहीं हो पाया है।

मुकेश और रिलायंस इन मूल्यों की चर्चा जब-तब करते रहते हैं। हाल ही में अपने कर्मचारियों से चर्चा करते हुए मुकेश ने कहा था, "अपने पिता के साथ बिताई जीवन की असाधारण यात्रा के दौरान मैंने जो महत्त्वपूर्ण बातें सीखी हैं, उन्हें आज मैं आपको बताना चाहता हूँ। पहला पाठ जो मैंने सीखा, वह है, साहस और हिम्मत, जो जिंदगी में बहुत जरूरी होते हैं। व्यापार में या जीवन के किसी भी क्षेत्र में साहस के बिना कोई भी व्यक्ति कभी सफल नहीं हो पाया है। यह बात जरूर सच है कि जब आप कोई बड़ा काम करने जाते हैं तो आपको डर लगने लगता है। उस समय साहस ही ऐसी ताकत है, जिससे डर को भी डर लगता है। मैं आज रिलायंस के युवा नेताओं को बताना चाहता

हूँ कि अपनी शक्ति की सफलता हासिल कर लेना साधारण गुण है, जबकि असंभव को प्राप्त करना तुम्हारा भविष्य बनाएगा। दूसरा पाठ जो मैंने सीखा, वह है, परानुभूति अर्थात् दूसरों के दर्द को अपना समझना। कंपनी के, समाज तथा विश्व के हर व्यक्ति की परवाह करना, उसके दु.ख-दर्द को बाँटना। जितनी ज्यादा हम परवाह करेंगे, मानव के रूप में हम उतने ही विकसित होंगे। मैं इसे दिल की बात समझता हूँ। यही हृदय की दौलत है, जिसे आप जितना दूसरों पर खर्च करेंगे, उतने ही दौलतमंद आप बनते जाएँगे। तीसरा पाठ जो मैंने सीखा है, वह है, टेक्नोलॉजी और योग्यता पर आस्था। हमने जो भी उद्योग शुरू किया, हमने हमेशा नई-से-नई टेक्नोलॉजी का इस्तेमाल किया और साथ-साथ सर्वश्रेष्ठ योग्यतावाले व्यक्तियों को काम पर लगाया और जब सर्वश्रेष्ठ टेक्नोलॉजी और योग्यता एक साथ मिलकर काम करते हैं तो वे अभूतपूर्व संरचना, नव-निर्माण और आविष्कारों को जन्म देते हैं। चौथा जीवन का मूल्य, जो मैंने सीखा है, उसे मैं दिल का रिश्ता कहता हूँ। अपने पिता की तरह मेरी निष्ठा मूल्यों में है, वफादारी में है और दिल के रिश्तों में है। आज आपके सामने संभावनाओं से भरा एक अद्भुत मैदान मौजूद है, जो आपको उन बुलंदियों को हासिल करने में सहायता करेगा, जिसकी शुरुआत मेरी पीढ़ी कर चुकी है।"

□

विभाजन

मुकेश और अनिल की पढ़ाई जब समाप्त हो गई, तब इसमें किसी को भी शक नहीं था कि दोनों भाई परिवार के उद्योग में काम करेंगे। शुरुआत मुकेश ने की। उन्होंने कंपनी में 'सुविधा प्रबंधक' के रूप में काम करना शुरू किया, जबकि अनिल ने बाद में चलकर एक अधिकारी के रूप ने काम शुरू किया, जो उसके स्वभाव के अनुकूल था, जैसे सरकारी अधिकारियों, इन्वेस्टरों और प्रेस से संपर्क आदि करना। उसका यह काम दोनों भाइयों के लिए लाभदायक था, क्योंकि मुकेश बहुत ही कम जनसंपर्क करते हैं, जबकि अनिल जनता से रिलायंस के बारे में चर्चा करता रहता था और यह काम वह अपने फैशनेबल स्टाइल में करता था। उसे चमक-दमकवाली गाड़ियों का शौक था और वह शहर के मशहूर होटलों में शिरकत करते देखा जाता था। यह फर्क दोनों के व्यक्तित्व में भी दिखाई देता था। मुकेश आमतौर पर सादे वस्त्रों में दिखाई देते थे और अनिल को लोगों से मिलना, कीमती वस्त्र पहनना, स्टाइल में अपनी पहचान बनाना पसंद था। कभी-कभी वह ऊँचे लोगों में दोस्ती करते दिखाई देता। उन्हें अपने निजी जेट विमान में ले जाकर पार्टियाँ करता देखा जा सकता था। विवाह के अवसर पर भी दोनों के चुनाव अलग थे। मुकेश ने उस लड़की से ब्याह किया, जिसका चुनाव उसके परिवार ने किया। अनिल ने मशहूर फिल्म अभिनेत्री टीना मुनीम से शादी की और कहा जाता है कि शुरू में टीना मुनीम को परिवार ने स्वीकार नहीं किया था।

सन् 1985 में जब धीरूभाई को पक्षाघात का दौरा पड़ा, तब रिलायंस

का जहाज डगमगाने लगा था, क्योंकि कंपनी का सारा दारोमदार धीरूभाई के कंधों पर ही था। वे ही सारा कामकाज देखते थे तथा मुकेश और अनिल अभी नौसिखिया थे। वे समझ नहीं पा रहे थे कि उस विकट स्थिति में वे क्या करें? और रसिक भाई के देहांत को ज्यादा दिन भी नहीं हुए थे जब दोनों भाइयों ने डगमगाते जहाज को दुबारा स्थिर करके धीरूभाई द्वारा सिखाए रास्ते पर चलना शुरू कर दिया। दूसरे, कुछ ही महीनों में धीरूभाई भी अपनी बीमारी से उठकर दोनों बेटों को कम-से-कम परामर्श देने लायक हो गए। वे रिलायंस ग्रुप के चेयरमैन बने रहे। लेकिन 2002 में कंपनी को एक बड़ा झटका तब लगा, जब धीरूभाई ने अंतिम साँस ली। यह झटका भूकंप जैसा था, लेकिन तब तक दोनों भाइयों ने अपनी कमान को सँभाल लिया था। आशा की जाती थी कि दोनों भाई अब जहाज को सफलतापूर्वक किनारे तक ले जा सकेंगे। दोनों भाइयों ने अपनी जिम्मेदारी सँभालते हुए आपस में फैसला किया कि बड़ा भाई चूँकि बड़ा है, वह चेयरमैन का पद सँभालेगा और छोटा भाई वाइस चेयर मैन बनेगा। यह समय था, जब कंपनी अपने विस्तार की योजना बना रही थी। उसी वर्ष कंपनी ने अपनी योजना पर काम करना शुरू किया और प्रमुख निजी तेल कंपनी 'इंडियन पेट्रोकेमिकल्स लि.' को अंगीकृत करके पेट्रोकेमिकल्स क्षेत्र में अपना वर्चस्व स्थापित कर लिया। यह कंपनी की पहली सफलता थी, क्योंकि 'इंडियन पेट्रोकेमिकल्स लि.' रिलायंस की प्रमुख प्रतियोगी कंपनी थी।

> ***2002 में कंपनी को एक बड़ा झटका तब लगा, जब धीरूभाई ने अंतिम साँस ली। यह झटका भूकंप जैसा था, लेकिन तब तक दोनों भाइयों ने अपनी कमान को सँभाल लिया था। आशा की जाती थी कि दोनों भाई अब जहाज को सफलतापूर्वक किनारे तक ले जा सकेंगे।***

रिलायंस को यह सफलता उतनी संतोषजनक नहीं लगी। वह व्यवसाय का विकेंद्रीकरण करके दूसरे क्षेत्रों में अपनी पहचान बनाना चाहता था। उसका पहला काम टेली कम्युनिकेशन क्षेत्र में भविष्य की संभावनाओं का

पता लगाना था। यह वह समय था, जब सेलुलर फोन मार्केट में तेजी से विस्तार हो रहा था। उसी वर्ष रिलायंस ने 'रिलायंस इन्फोकॉम' के नाम से एक फोन सर्विस की स्थापना की।

यही·वक्त था, जब दोनों भाइयों के रिश्तों में दरार भी पैदा हुई। दरार मुकेश की नाराजगी में दिखाई दी, क्योंकि उनके ऊपर कंपनी की ज्यादा जिम्मेदारियाँ थीं। मुकेश नाराज तब हुए, जब अनिल ने उनसे सलाह किए बगैर ऊर्जा उत्पादन के संयंत्र की स्थापना की घोषणा कर दी। उधर अनिल भी मुकेश के रिलायंस के शेयरों से संबंधित फैसले से कम नाराज नहीं था, जिसमें मुकेश ने उसे बिना बताए रिलायंस परिवार के शेयरों को 'मैनेज' करनेवाली एंटिटी अर्थात् 'सत्ता समिति' में फेरबदल कर दिया था। संभव है कि दोनों भाइयों में तकरार से काफी गरमागरमी पैदा हुई हो। अब हुआ यह कि मुकेश ने तो अपने को कंपनी का अविवादित 'बॉस' मानना जारी रखा, जबकि अनिल ने अब अपने को कंपनी का बराबर का बॉस घोषित कर दिया, जबकि वह कंपनी का केवल वाइस चेयरमैन था।

> ***यही वक्त था, जब दोनों भाइयों के रिश्तों में दरार भी पैदा हुई। दरार मुकेश की नाराजगी में दिखाई दी, क्योंकि उनके ऊपर कंपनी की ज्यादा जिम्मेदारियाँ थीं। मुकेश नाराज तब हुए, जब अनिल ने उनसे सलाह किए बगैर ऊर्जा उत्पादन के संयंत्र की स्थापना की घोषणा कर दी।***

बात तब और बढ़ गई, जब रिलायंस बोर्ड ने अपनी बैठक में एक प्रस्ताव पास करके घोषणा कर दी कि अनिल भविष्य में चेयरमैन के संपूर्ण नियंत्रण में काम करेगा। जाहिर था कि अनिल इस आदेश से भड़क जाएगा। दोनों भाइयों में गरमागरमी हुई। आदेश के विरोध में उसने रिलायंस के वित्तीय स्टेटमेंट्स को यह कहते हुए कि वे उपयुक्त जानकारियों से वंचित हैं, उन पर हस्ताक्षर करने से इनकार कर दिया और संभव है, इसी बात को लेकर अनिल के नीचे काम करनेवाली सहायक कंपनियों के डायरेक्टरों ने भी अनिल के

प्रति वफादारी दिखाते हुए इस्तीफा दे दिया। यह झगड़ा अब मात्र रिलायंस का नहीं रह गया था, बल्कि देश की आर्थिक नीति को भी प्रभावित करने लायक हो गया था, क्योंकि रिलायंस का स्थान देश की बड़ी कंपनियों में माना जाने लगा था। यही कारण था कि भारत सरकार के वित मंत्री ने भी दोनों भाइयों को आपसी मतभेद दूर करने की सलाह दी थी।

अंत में दोनों भाइयों में शांति स्थापित करने के लिए दोनों भाइयों की माँ ने पहल की। उन्होंने सोच-समझकर दोनों भाइयों के लिए 'रिलायंस इंडस्ट्रीज' के विभाजन का प्रस्ताव किया और दोनों भाइयों के बीच बराबर का बँटवारा कर दिया। इस विभाजन के तहत मुकेश अंबानी कंपनी के पेट्रोलियम, पेट्रोकेमिकल्स और टेक्सटाइल्स परिचालन के अध्यक्ष बने रहे, जबकि अनिल अंबानी ने अपने कंपनी की टेली कम्युनिकेशंस, ऊर्जा, कैपिटल फाइनेंस और अन्य परिचालनों को नए सिरे से मिलाकर एक नई कंपनी का गठन कर लिया। कंपनी का विभाजन सन् 2006 में हुआ। दोनों भाइयों ने स्वीकार किया कि वे अगले 10 वर्षों तक एक-दूसरे के प्रतियोगी नहीं बनेंगे।

अंत में दोनों भाइयों में शांति स्थापित करने के लिए दोनों भाइयों की माँ ने पहल की। उन्होंने सोच-समझकर दोनों भाइयों के लिए 'रिलायंस इंडस्ट्रीज' के विभाजन का प्रस्ताव किया और दोनों भाइयों के बीच बराबर का बँटवारा कर दिया।

इस विभाजन के बाद रिलायंस इंडस्ट्रीज विश्व के पटल पर एक मजबूत और पूर्णरूप से संगठित पेट्रोलियम और पेट्रोकेमिकल प्रतिष्ठान के रूप में उभरकर आई।

इसके विपरीत, अनिल अंबानी के भविष्य में अस्थिरताओं ने जन्म ले लिया। उसका ऊर्जा व्यापार भारी कर्ज के नीचे आ गया। दूसरे, उसका टेली कम्युनिकेशन का व्यापार, बाजार की कड़ी प्रतियोगिता की टक्कर में मात खाने लगा। इस दौड़ में भी दोनों एक-दूसरे के प्रतियोगी बन गए। वास्तव में, दोनों भाइयों के बीच के विभाजन को बराबर का इसलिए माना गया,

क्योंकि दाँव पर एक बड़ी रकम और संपदा थी। विभाजन के बाद अनिल की कुल संपत्ति का मूल्य 45 बिलियन डॉलर था, जबकि मुकेश की संपत्ति का मूल्य उससे 4 बिलियन डॉलर ज्यादा था। इसके बाद दोनों भाइयों ने अपनी व्यापारिक बुद्धि का इस्तेमाल करना शुरू किया। अनिल ने कुछ ऐसी योजना पर अपने को उलझा लिया जिन्हें अभी कुछ समय के लिए छोड़ा जा सकता था, जैसे कि फिल्मों का निर्माण और अपने खर्चे पर फिल्मों के प्रदर्शन जैसी गैर-जरूरी गतिविधियाँ, जिनकी जरूरत हाल-फिलहाल कतई नहीं थी।

सन् 2018 में आकाश की शादी के समय भी अनिल विवाह में अपनी भूमिका को बड़ी शान से निभा रहा था। मेहमानों की अगवानी से लेकर विवाह के सभी कार्यक्रम में वह खुद आगे बढ़कर कार्य कर रहा था। वह आकाश को समझाने के लिए भी समय निकाल रहा था कि प्रत्येक कार्यक्रम में वह कैसा व्यवहार करे? वह क्या पहने? किससे, कौन सी बात कहाँ करे? सब वह बड़ी शान से कर रहा था। उसने जरा भी संकेत नहीं दिया कि अगले दस दिनों में उसे 80 मिलियन डॉलर का कर्ज चुकाना है, जिसके लिए कोर्ट ने भी उसे ताकीद कर दिया था और यदि वह रकम नहीं चुका पाया तो उसे जेल भी जाना पड़ सकता है। लेकिन अनिल के चेहरे पर जरा सी शिकन भी नहीं थी कि उसके व्यापार की नैया डगमगा रही है और उस समय वह अपने बड़े भाई से सहायता माँग रहा है, ताकि वह उसे डूबने से बचा ले। मुकेश ने अपनी माँ के कहने पर उसका कर्ज चुकाया, किंतु रिलायंस कम्युनिकेशन

सन् 2018 में आकाश की शादी के समय भी अनिल विवाह में अपनी भूमिका को बड़ी शान से निभा रहा था। मेहमानों की अगवानी से लेकर विवाह के सभी कार्यक्रम में वह खुद आगे बढ़कर कार्य कर रहा था। वह आकाश को समझाने के लिए भी समय निकाल रहा था कि प्रत्येक कार्यक्रम में वह कैसा व्यवहार करे? वह क्या पहने? किससे, कौन सी बात कहाँ करे? सब वह बड़ी शान से कर रहा था।

की संपत्ति को खरीद लिया। जाहिर था कि मुकेश ने यह सौदा एक बड़े भाई के नाते नहीं, बल्कि एक व्यापारी की दृष्टि से किया था, क्योंकि जब उसने प्रतिभूति की माँग की तो उसे लगा कि उसने जो भी किया, वह उचित ही था। उसका कारण यह भी था कि उसे आभास हो गया कि अनिल की आर्थिक परेशानियों का अंत अभी होनेवाला नहीं है। परेशानियाँ और भी आ सकती हैं। इस समझौते को भी, परिवार ने 'शांतिपूर्ण' समझौते का नाम दिया, जो अंत तक जारी रहा। इस सबके बावजूद यह तय था कि इस शांतिपूर्ण समझौते के पीछे घर के किसी मुखिया का दबाव रहा था।

अनिल की समस्याओं का अंत अभी होनेवाला नहीं है। स्टेट बैंक पहले ही उसका कर्ज न चुकाने की एवज में अनिल की संपत्ति को नीलाम करने की काररवाई शुरू कर चुका है और इसके लिए विभिन्न ऋणदाता दाँव लगाना चाह रहे हैं, जिनमें विदेशी ऋणदाता भी शामिल हैं। इसलिए अनिल के सामने एक लंबी लड़ाई इंतजार कर रही है।

अनिल की समस्याओं का अंत अभी होनेवाला नहीं है। स्टेट बैंक पहले ही उसका कर्ज न चुकाने की एवज में अनिल की संपत्ति को नीलाम करने की काररवाई शुरू कर चुका है और इसके लिए विभिन्न ऋणदाता दाँव लगाना चाह रहे हैं, जिनमें विदेशी ऋणदाता भी शामिल हैं। इसलिए अनिल के सामने एक लंबी लड़ाई इंतजार कर रही है। हम आशा करते हैं कि वह इस लड़ाई में सफल होकर निकले। यदि वह यह कर पाया तो उसे मंथन करना होगा कि अपने व्यापार में उससे कहाँ भूल हुई है और इस भूल को सुधारने के लिए वह क्या करे ताकि वह दुबारा पटरी पर आ जाए?

जहाँ तक मुकेश का संबंध है, टेली कम्युनिकेशन के क्षेत्र में पहल के बावजूद उनका पूरा ध्यान रिलायंस इंडस्ट्रीज के पेट्रोकेमिकल्स और पेट्रोलियम के क्षेत्रों पर ही रहा है। सन् 1999 में भारत सरकार ने सर्वेक्षण के लिए 25 ब्लॉकों को नीलाम किया था, जिसमें रॉयल्टी के प्रतिशत के रूप

में बोली माँगी थी। रिलायंस ने अपने भरपूर प्रयासों से नीलामी में 12 ब्लॉकों को हासिल किया था। इसके तुरंत बाद रिलायंस ने सर्वेक्षण के लिए अपना पूरा ढाँचा तैयार करने के वास्ते विशेषज्ञों के एक दल का गठन किया, जिसमें 'हैली बर्टन' और 'शूलेम बर्गर' ऑयल फील्ड्स की सहायता शामिल थी। रिलायंस के संकल्प और लागत के सकारात्मक परिणाम उस समय दिखाई देने लगे, जब उसने अपने सर्वेक्षण में 14 ट्रिलियन क्यूबिक फीट के लगभग प्राकृतिक गैस के विशाल भंडार के आविष्कार में कामयाबी हासिल की, जो भारत में पिछले दशकों में हुए आविष्कारों में सबसे बड़ा आविष्कार था। प्राकृतिक गैस का यह भंडार बंगाल की खाड़ी के कृष्णा-गोदावरी मुहाने में मिला है। कंपनी को बंगाल की खाड़ी में ही एक दूसरा गैस भंडार भी मिला है और इस बार इसका स्थान ओडिशा के तट के पास है।

सर्वेक्षण के प्रयासों की सफलता से प्रोत्साहित होकर रिलायंस ने 2000 के उत्तरार्ध के लिए आशाओं से भरे विस्तार का एक कार्यक्रम बनाया है। इस योजना के तहत 6 मिलियन डॉलर की लागत से जामनगर साइट के विस्तार की योजना है। इसमें साइट के क्षेत्रफल को दोगुना करके उस पर 2009 तक विश्व की सबसे बड़ी रिफाइनरी स्थापित करने की योजना है। कंपनी ने यह भी घोषणा की है कि अंतरराष्ट्रीय मार्केट को देखते हुए वह तेल सर्वेक्षण को और भी आगे बढ़ाने के लिए 10 बिलियन डॉलर की रकम खर्च करने के लिए तैयार है। इस प्रकार कंपनी आशा करती है कि तेल का उत्पादन इस सदी

सर्वेक्षण के प्रयासों की सफलता से प्रोत्साहित होकर रिलायंस ने 2000 के उत्तरार्ध के लिए आशाओं से भरे विस्तार का एक कार्यक्रम बनाया है। इस योजना के तहत 6 मिलियन डॉलर की लागत से जामनगर साइट के विस्तार की योजना है। इसमें साइट के क्षेत्रफल को दोगुना करके उस पर 2009 तक विश्व की सबसे बड़ी रिफाइनरी स्थापित करने की योजना है।

के अंत तक दस गुना अधिक हो जाएगा। पेट्रोलियम मार्केट के दूसरी ओर कंपनी ने 1.5 मिलियन डॉलर का एक दूसरा विस्तार कार्यक्रम शुरू किया है जिसके तहत रिलायंस के गैस स्टेशनों की शृंखला में 6,000 नए स्टेशनों को जोड़ा जाएगा। कंपनी ने अपनी छवि को अंतरराष्ट्रीय जगत् में पहुँचाने के लिए भी योजना बनाई है, जिसके अंतर्गत पोलियस्टर कपड़े के निर्माण में वह विश्व में प्रमुख निर्माता बन जाएगा। इसके लिए कंपनी ने जर्मनी की प्रसिद्ध पोलियस्टर निर्माण कंपनी 'ट्रेविरा' को खरीद लिया है। इसके अलावा, कंपनी ने अपने टेली कम्युनिकेशन क्षेत्र को बढ़ाने के लिए इंग्लैंड की 'फ्लैग टेलीकॉम' को अंगीकृत किया है, जो समुद्र की 50,000 किलोमीटर गहराई में जाकर फाइबर ऑप्टिक केबल नेटवर्क लगाने की क्षमता रखता है।

इस प्रकार हम देखते हैं कि दोनों भाइयों के विभाजन के परिणाम एक-दूसरे से बिल्कुल अलग दिखाई देते हैं और यह स्पष्ट करते हैं कि उद्योग या व्यापार तभी फलता-फूलता है, जब आप सही दिशा में सोचते हैं, सही सामरिक योजनाओं को लागू करते हैं और योग्यतम शारीरिक कौशल का उपयोग करते हैं। सिर्फ दौलत और चमक-दमक से सफलता नहीं मिलती। □

मुकेश अंबानी के 100 कथन

1. कोई भी लक्ष्य समय-सीमा से जुड़ा एक सपना होता है।
2. शिक्षा और मौज-मस्ती के अलावा बचपन में मेरे पिता ने मेरा ध्यान तीसरी ओर आकर्षित किया, जब उन्होंने मुझे व्यापार और उद्यमिता के प्रति अपने जुनून के बारे में बताया।
3. विज्ञापन तभी बुरा होता है, जब वह बुरी चीजों का विज्ञापन करता है।
4. एक प्रकार से हम सभी सदैव निरंतर संघर्ष करते रहते हैं, क्योंकि हम जो चाहते हैं, वह हमें कभी नहीं मिलता है।
5. कोई भी व्यवसाय, जिसका एकमात्र उद्देश्य पैसा कमाना है, वह करने योग्य नहीं है।
6. जब तक हम लाखों भारतीयों को अपनी विचार प्रक्रिया के केंद्र में रखते हैं, जब तक हम उनके कल्याण, उनके भविष्य, आत्म-बोध के अवसरों के बारे में सोचते हैं, तब तक हम सही रास्ते पर हैं।
7. जब तक हम लाखों भारतीयों को अपनी विचार प्रक्रिया के केंद्र में रखते हैं, जब तक हम उनके कल्याण, उनके भविष्य, आत्म-बोध के अवसरों के बारे में सोचते हैं, तब तक हम सही रास्ते पर हैं।
8. जब तक आपके पास दृढ़ विश्वास का साहस है, यह आपके काम आता है। मुझे लगता है कि यही बात उन जगहों पर भी लागू होती है, जहाँ आप ऐसा नहीं करते हैं, क्योंकि आज की दुनिया में वित्तीय संसाधनों का महत्त्व सबसे कम है।

9. रिलायंस में हमने हमेशा भविष्य के व्यवसायों में निवेश करने और प्रतिभाओं में निवेश करने में विश्वास किया है।
10. कार्य करें और संतुष्ट रहें, बातें करने का काम दूसरों पर छोड़ दें।
11. ब्रॉडबैंड और डिजिटल सेवाएँ अब विलासिता की वस्तु नहीं होंगी, ऐसी दुर्लभ वस्तु नहीं होगी, जिसे कुछ विशेषाधिकार प्राप्त लोगों को ही दिया जाएगा।
12. व्यवसाय को एक बड़े सामाजिक उद्देश्य की पूर्ति करनी चाहिए।
13. '70 के दशक की शुरुआत में विमल एक बहुत सफल टेक्सटाइल ब्रांड था। इसलिए सभी चाहते थे कि मैं टेक्सटाइल इंजीनियरिंग करूँ। मैंने उन्हें यह कहकर चौंका दिया कि मैं आईआईटी जाऊँगा।
14. चीन और भारत अलग-अलग और एक साथ मिलकर माँग का धमाका करेंगे।
15. साहस को मौत से डराया जा रहा है, जबकि वह उसे अपने वश में कर लेता है।
16. रणनीति के बिना रचनात्मक को कला कहा जाता है। रणनीति के साथ रचनात्मकता को विज्ञापन कहा जाता है।
17. अपनी योजना पर आगे बढ़ें और जीवन में थोड़ा जोखिम उठाएँ, क्योंकि अकसर जोखिम उठानेवाला इतिहास के पाठ्यक्रम को बदलता है और लाखों लोगों की भलाई में योगदान देता है।
18. डिजिटल जीवन और डिजिटल सेवाएँ एक बहु-तरंग व्यवसाय हैं।
19. एक काम करो कि उसे अच्छे से करो।
20. विश्व में प्रभुत्व तभी स्थापित होगा, जब कोई राष्ट्र आर्थिक यथार्थवाद का अच्छी तरह सामना करेगा और इस दिशा में भारत को अभी काम करना है, इस संसार में अपना स्थान ढूँढ़ना है।
21. अंततः जो भी सफल होता है, जो भी ऐसी चीजें करता है, जिससे परिवर्तन आता है, लोग उसकी ही चर्चा करते हैं।
22. जब मैं हाई स्कूल में था, उस समय से ही वीकेंड में ऑफिस में कई घंटे काम किया करता था।

23. सभी को समान अवसर मिलते हैं और मुझे लगता है कि यह बात हर चीज के लिए सही है।
24. सर्वश्रेष्ठ की अपेक्षा करें। सबसे बुरे के लिए तैयार रहें। जो मिले, उसे भुनाएँ।
25. असफलता हारनेवालों को हराती है, असफलता विजेताओं को प्रेरित करती है।
26. अपने वर्षों और मन को आशावाद की धुनों से भरें।
27. भारत तभी विकसित हो सकता है, समृद्ध हो सकता है और फल-फूल सकता है, जब वे विकसित हों, समृद्ध हों, फलें-फूलें। हम किसी भी गुप्त रणनीति से विकसित नहीं हो सकते हैं।
28. मेरे पिता के लिए जीवन एक-आयामी था। रिलायंस उनका जीवन था। फिर भी उनके साथ बिताए पल मेरी कुछ सबसे स्पष्ट यादों में से एक हैं। चाहे वे कितना भी व्यस्त क्यों न हों, कैसा भी तनाव क्यों न हो, रविवार का दिन उनकी पत्नी और बच्चों के लिए ही रहता था। मैं भी अपने परिवार के लिए ऐसा ही करने का प्रयास करता हूँ।
29. औपचारिक शिक्षा आपको आजीविका देगी, स्व-शिक्षा आपको धनवान बनाएगी।
30. अच्छी योजना बुरी योजनाओं से निकलकर आती है, लेकिन तभी, जब वे पर्याप्त संख्या में हों।
31. निष्कर्ष को ध्यान में रखें और हर दिन सुनिश्चित करें कि आप उसके लिए काम कर रहे हैं।
32. मैं इसमें बहुत अधिक विश्वास करता हूँ कि प्रौद्योगिकी मानव जाति को स्वरूप देती है।
33. मैं इसमें बहुत अधिक विश्वास रखता हूँ कि जो बीत गया, वह अतीत का हिस्सा हो गया। आपको केवल इससे सीखना है, और मात्र वर्तमान तथा भविष्य की ओर देखना है। यही मेरे पिता का दर्शन रहा है और मेरा भी।

34. व्यक्तिगत रूप से मेरा यह अटल विश्वास है कि प्रौद्योगिकी मानव विकास का सबसे बड़ा प्रेरक है, और यदि आप लोगों को लाभ पहुँचाने के लिए प्रौद्योगिकी का उपयोग कर सकते हैं, तो यह आपके लिए सबसे अच्छा व्यवसाय हो सकता है।
35. मेरा मानना है कि अब से 50 साल बाद जब आप इतिहास लिखेंगे तो एक तकनीक, जिसकी चर्चा मानव सभ्यता को बदलने के लिए होगी, वह होगी मोबाइल-इंटरनेट।
36. मैंने केमिकल इंजीनियरिंग की, क्योंकि इसे भविष्य माना जा रहा था।
37. मुझे नहीं लगता कि महत्त्वाकांक्षा उद्यमियों की डिक्शनरी में नहीं होनी चाहिए। लेकिन हमारी महत्त्वाकांक्षा यथार्थवादी होनी चाहिए।
38. मैं सामान्यतया यही सोचता हूँ कि मुझे केवल कर्म से बोलना चाहिए, शब्दों से नहीं।
39. मुझे लगता है कि जब आपको अपने भरोसे छोड़ दिया जाता है, तो आप अपनी वास्तविक क्षमता को जान पाते हैं।
40. मेरा हमेशा से मानना रहा है कि प्रौद्योगिकी मानव सभ्यता के प्रयास और प्रगति को आगे बढ़ाती है।
41. मैं प्रकृति का एक बड़ा प्रशंसक भी बन गया हूँ...मैं आज इसके बीच और अधिक रह सकता हूँ। बचपन के इन प्रभावों ने मुझे वह बनाया है, जो मैं आज हूँ।
42. मुझे याद है कि मेरे पिता एक बार भी हमारे स्कूल नहीं आए।
43. मुझे लगता है कि पैसा बहुत कुछ नहीं कर सकता है। सभी जगहों पर मेरा यही अनुभव रहा है।
44. मुझे लगता है कि हमारा मूल विश्वास यही है कि हमारे लिए विकास जीवन का एक तरीका है और हमें हर समय विकास करना है।
45. मैं वीकेंड पर ऑफिस में कई-कई घंटे काम करता था।
46. मैं केमिकल इंजीनियरिंग करना चाहता था, क्योंकि मुझे लगा कि भविष्य इसी का है।

47. अपनी समस्याओं को पहचानें, लेकिन अपनी शक्ति और ऊर्जा समाधान में लगाएँ।
48. अगर आज एशिया का समय है, तो कल अफ्रीकी महाद्वीप भी पीछे नहीं रहेगा।
49. अगर आप कुछ नुकसान उठाते हैं, तो हम सभी परिपक्व हैं—हमें रोना नहीं चाहिए।
50. यदि दो पिज्जा में आप किसी टीम को नहीं खिला सकते हैं, तो वह टीम बहुत बड़ी है।
51. यदि अवसर आपके पास नहीं आता, तो आप अवसर के पास चले जाइए!
52. मेरे पिता की भाषा में : शून्य से कुछ बनाना। ऐसी संभावना भारत में कृषि जैसे पुराने जमाने के क्षेत्रों में भी रहती है।
53. ऊर्जा कारोबार में हम दुनिया के पेट्रोल, डीजल और विमानन ईंधन का 2 प्रतिशत देते हैं।
54. एक उद्यमी की यात्रा में सबसे महत्त्वपूर्ण चीज है, आत्मविश्वास और उस विश्वास को वास्तविकता में बदलने की क्षमता।
55. अपने लक्ष्यों को प्राप्त करना महत्त्वपूर्ण है, लेकिन किसी भी कीमत पर नहीं।
56. यह याद रखना महत्त्वपूर्ण है, रातोरात सफलता नहीं मिलती है।
57. तर्क आपको ए से बी तक ले जाएगा। कल्पना आपको हर जगह ले जाएगी।
58. इंटरनेट और प्रौद्योगिकी का उपयोग करके महात्मा गांधी के आत्मनिर्भरता के सपने को साकार किया जा सकता है।
59. मानव विकास के लिए मोबाइल इंटरनेट इस सदी की सबसे विशिष्ट तकनीक होगी।
60. मुझे इसका बड़ा लाभ मिला कि मेरे पिता ने मुझे पहली पीढ़ी के रूप में स्वीकार किया।

61. प्रौद्योगिकी के प्रति मुझमें जुनून है और इसमें कि यह मानव जीवन को कैसे बेहतर बना सकती है। मेरे विचार से पिछले 300 वर्षों में हमने जो देखा है, वह सिर्फ ट्रेलर है।
62. मेरा विचार है कि हर किसी को अपने तरीके से बढ़ने का अवसर दिया जाए।
63. किसी ने यह अनुमान नहीं लगाया था कि रसायन ही वह दिशा है, जिस दिशा में रिलायंस आगे बढ़ रहा था।
64. आखिरकार भारत में अब आर्थिक यथार्थवाद आ गया है, तो भविष्य एक मजबूत आर्थिक शक्ति बनने में निहित है।
65. एक दिन आपका जीवन आपकी आँखों के सामने चमकेगा। सुनिश्चित करें कि यह देखने लायक हो।
66. समुद्र-तट से लंबे समय तक नजर हटाए बिना आप नए-नए देशों की खोज नहीं कर सकते हैं।
67. हमारा बचपन अलग था। मुझे लगता है कि जब आपको अपने भरोसे छोड़ दिया जाता है, तो आप अपनी असली क्षमता को जान पाते हैं। मुझे याद है कि मेरे पिता एक बार भी हमारे स्कूल नहीं आए थे। फिर भी, वह हमारे समग्र विकास में बहुत रुचि रखते थे, जिसके लिए उन्होंने कुछ आश्चर्यजनक चीजें कीं।
68. हाइड्रोकार्बन, ऊर्जा और पेट्रोकेमिकल के हमारे स्थापित व्यवसाय स्वयं को सिद्ध कर चुके प्रमुखों के नेतृत्व में अपने दम पर चलते हैं। इससे मुझे लगभग विशेष रूप से दो चीजों पर ध्यान केंद्रित करने में मदद मिली है—पहला, नए व्यवसाय। और दूसरा, जिसे मैं रिलायंस मैनेजमेंट सिस्टम कहता हूँ, उसे संस्थागत बनाना।
69. हमारी क्रयशक्ति, हमारी आर्थिक ताकत, हमाग्रा बाजार, सब हमारे देश के लोगों की समृद्धि पर निर्भर करता है।
70. सामान्य छोटी-छोटी बातों पर ध्यान देने से, जिन्हें ज्यादातर लोग नजरअंदाज कर देते हैं, कुछ लोग अमीर बन जाते हैं।

71. गरीब लोगों के पास एक बड़ा टी.वी. होता है। अमीर लोगों के पास एक बड़ी लाइब्रेरी होती है।
72. लाभ या हानि की गारंटी नहीं होती। यह उपभोक्ता है और उत्पाद पर निर्भर करता है। यह एक जोखिम है, जो व्यवसायी लोग लेते हैं।
73. जीवन रिश्ता और विश्वास पर टिका होता है।
74. रिलायंस ने रिफाइनरी की प्रमुखता वाला ऊर्जा व्यवसाय और वस्तुओं के व्यवसाय का निर्माण किया है।
75. मेरे पालन-पोषण की ये चार प्रमुख बातें थीं—अपनी पढ़ाई के विषय में मुझे निर्णय स्वयं करना था, महेंद्रभाई, मेरे पिता का रिलायंस को खड़ा करने का जुनून और आखिरी बात यह कि परिवार के साथ उनके गहरे संबंध थे।
76. पैसे बचाने के लिए विज्ञापन रोकना समय बचाने के लिए अपनी घड़ी को रोकने जैसा है।
77. असफलता से असफलता तक उत्साह कम हुए बिना चलने से ही सफलता मिलती है।
78. सफलता आपको पसंद करती है, आप जो करते हैं, उसे पसंद करती है और आप कैसे करते हैं, उसे पसंद करती है।
79. व्यवसाय के केवल दो कार्य हैं—मार्केटिंग और नए-नए प्रयोग।
80. नेतृत्व का कार्य अधिक नेता उत्पन्न करना है, अधिक अनुयायी नहीं।
81. मैंने महत्त्वपूर्ण बात सीखी कि कैसे आपको हार नहीं माननी चाहिए, क्योंकि आप पहले प्रयास में कभी सफल नहीं होते हैं।
82. संगठनात्मक संरचना वास्तव में एक कनखजूरे की तरह होती है, जो सौ पैरों पर चलता है और एक या दो मायने नहीं रखते हैं। इसलिए अगर मैं एक या दो पैर खो देता हूँ, तब भी प्रक्रिया चलती रहेगी, संगठन चलता रहेगा, विकास चलता रहेगा।
83. हम चाहे कितना ही क्यों न रो लें, नियामक का काम हमें लाभ की गारंटी देना नहीं है।

84. नियामक का काम पहले यह सुनिश्चित करना है कि देश आगे बढ़े और फिर सुनिश्चित करें कि उपभोक्ता आगे बढ़े।
85. दुनिया विचारों की शक्ति की ओर बढ़ गई है।
86. अपनी पहली रिफाइनरी बनाने में लगनेवाले समय का 60 प्रतिशत समय में अपनी नई रिफाइनरी को बनाने के लिए, हम छह महीने में नई पीढ़ी की वेल्डिंग तकनीक में 20,000 लोगों को प्रशिक्षित कर रहे हैं।
87. आज मैं एक अरब लोगों को एक अरब संभावित उपभोक्ताओं के रूप में और अपने लिए आय के एक अवसर के रूप में देखता हूँ। आलोचकों और सनकी लोगों को अनसुना कर देता हूँ।
88. जब तक मेरे पिता मुझे रिलायंस में लेकर नहीं आए थे, तब तक मुझे कोई शंका नहीं थी कि मैं अमेरिका की किसी यूनिवर्सिटी में पढ़ना चाहता था—उम्मीद है, कुछ समय बाद मैं विश्व बैंक में काम कर रहा होता या प्रोफेसर के रूप में पढ़ा रहा होता।
89. हम सभी व्यवसाय में उतरते हैं, और पूँजी लगाने के मामले में जोखिम उठाते हैं।
90. अब हम अपने प्रत्येक व्यवसाय में निवेश कर रहे हैं, ताकि भविष्य में आय में पर्याप्त वृद्धि प्राप्त की जा सके, और हमारे लाखों शेयरधारकों के लिए और मूल्य सृजित की जा सकें।
91. हम नई तकनीकों का सार्थक तरीके से उपयोग कर रहे हैं।
92. हम वही हैं, जो हम बार-बार करते हैं। उत्कृष्टता कोई कार्य नहीं बल्कि एक आदत है।
93. हम इसे संक्रामक अधीरता कहते हैं। वही उसकी पहचान है और हम इसे पूरे संगठन में विकसित करने का प्रयास कर रहे हैं। संक्रामक अधीरता, ताकि वह काम न सिर्फ हो जाए है बल्कि दोगुने झटपट समय में हो जाए।
94. मनुष्य का मन जो सोच सकता है और जिस पर विश्वास कर सकता है, उसे प्राप्त कर सकता है।

95. जब आप एक परिवार (फर्म) में पुनर्गठन या अलगाव देखते हैं, तो उसका महत्त्व लगभग समाप्त हो गया होता है। यह पहला मामला है, जहाँ महत्त्व बढ़ गया है। इस प्रकार अंत में सभी की जीत हुई है।

96. मैं अपने ग्राहकों को मोबाइल इंटरनेट की आदत डालने के लिए और हर छोटे शहर तथा गाँव को इसका इस्तेमाल करने के लिए मुफ्त सेवा क्यों नहीं दूँगा? हर कोई प्रमोशन करता है। इंटरनेट की दुनिया में मुफ्त सेवा सामान्य सी बात है।

97. आपको पैसे का प्रबंधन करना होगा। विशेष रूप से बाजार अर्थव्यवस्थाओं के साथ।

98. आपको यह समझना होगा कि आप कुछ नहीं कर सकते।

99. आपके पास एक अच्छा उत्पाद हो सकता है, लेकिन लाभ-हानि पर अंतिम परिणाम हानि का रहा तो फिर कुछ नहीं हो सकता है।

100. आपको समर्पित, एकाग्रचित्त होना पड़ेगा और कठिन परिश्रम के सिवाय कोई रास्ता नहीं होता है।

□□□